Justus Jacobi

Streiflichter auf Religion, Politik und Universitäten der Centrumspartei

Justus Jacobi

Streiflichter auf Religion, Politik und Universitäten der Centrumspartei

ISBN/EAN: 9783743616479

Hergestellt in Europa, USA, Kanada, Australien, Japan

Cover: Foto ©Suzi / pixelio.de

Weitere Bücher finden Sie auf **www.hansebooks.com**

Streiflichter

auf

Religion, Politik und Universitäten der Centrumspartei.

Eine Streitschrift

von

D. J. L. Jacobi,

o. Professor der Theologie an der Universität Halle.

Jl. VI 181.

Πρόσθε λέων, ὄπιθεν δὲ δράκων, μέσση δὲ χίμαιρα.

Leo's Gesicht, ein Drache von hinten, im Centrum die Läge.

1883.
Verlag von E. Strien in Halle a. S.

Prologus galeatus.

Die preußischen Universitäten, vor allem die Lehrer der Theologie zu Halle, haben wiederholt den Tadel der Centrumspartei auf sich gezogen. Vor wenigen Wochen hielt man ihnen vor, daß es in der Halleschen Facultät sonderbar aussehen müsse, da die Professoren die katholische Kirche angriffen, obgleich sie in der ihrigen genug zu thun hätten. Das ist etwas unbillig. Einmal haben wir nicht die katholische Kirche angegriffen, sondern diejenigen ihrer Auswüchse, welche die evangelische Kirche und uns verletzen. Dann aber, meinen denn die Herrn, daß wir nicht katholische Bücher, Zeitschriften und ihre eigenen Reden lesen? Römischer Gebrauch ist es, unbequeme Gedanken mit Maßregeln zu beantworten, und für Römlinge eignet es sich vielleicht, den Staatsanwalt und Minister zu Hülfe zu rufen. Wir Docenten verzichten auf diesen Weg, und da wir nicht über die Rednerbühne verfügen, so vertheidigen wir uns gegen die privilegirten Invectiven durch Schriften. Wäre es nicht unhöflich, wenn wir die Aufmerksamkeiten des Herrn Windthorst nicht erwidern wollten, eines Mannes, welcher Demosthenes, Alcibiades und Prophet in einer Person ist? Da er uns mit herablassender Offenheit den Einblick in seine private Gewohnheit gestattet hat, Broschüren dieser Art beim Frühstück zu lesen, so wird es eine kleine Genugthuung für mich sein, wenn es mir gelingen sollte, ihm dasselbe mit einigem Halleschen Salze zu würzen; und wenn er etwas von Wittenberger Zubrod bedürfen sollte, so bin ich auch dazu bereit. Oder sollen wir uns fürchten, wenn Herr von Schorlemer den Mund so groß macht, daß er „mit dem ganzen Menschen knirscht?" Nicht doch; κραδίη, καὶ κύντερον ἄλλο ποτ' ἔτλης. Oder ist der Sprung von den Angelegenheiten unserer evangelischen Kirche zur Vertheidigung gegen die römische größer, als wenn Herr von Fürth sich an Theologie und Herr Majunke sich an Religion macht? Vor etwa einem Jahre schrieb ich eine kleine anspruchslose Vertheidigungsschrift, welche fast nichts, als anerkannte Thatsachen enthielt. Die Germania sagte, es sei eine Schandschrift. Was sollte sie auch anderes thun? Ich weiß nicht, ob es begründet ist, was man mir privatim zugeflüstert hat, daß es Herrn Majunke und die Germania besonders verdrossen habe, darin die Notiz zu finden, daß die Monumenta Germaniae urkundliche Zeugnisse über die Unthaten der Päpste gegen Deutschland enthalten. Ich spreche es also ausdrücklich aus, daß ich damit nicht die denkwürdigen Artikel der Germania gemeint habe, und daß dieses Blatt päpstliche Nichtswürdigkeiten niemals gerügt hat. Ich halte sie vielmehr für das Feigenblatt, bestimmt, die Schande der Herren Päpste zu bedecken. Hierzu finde ich in mir keinen Beruf. Ich kann darüber nur versprechen, daß, was ich von ihnen jetzt oder vielleicht künftig berichten werde, erstens wahr sein soll, und zweitens, daß es den Gelehrten des Centrums nicht gefallen soll. Was aber den Standpunkt betrifft, von dem die Beurtheilung geschieht, so ist es der, welchen ich mit vielen Theologen, besonders Halleschen, theile, daß wir nehmlich auf dem Grunde göttlicher Offenbarung die Wahrheit in verschiedenen geschichtlichen Erscheinungen zu erkennen und sie von dem Irrthum zu sondern trachten. Herr Majunke nennt das eine Vermittelung zwischen Gott und dem Teufel. Das ist kräftig geredet, Herr Kaplan, aber nicht ganz genau. Halle liegt gewissermaßen zwischen Wittenberg und Rom, aber wir haben in diesem Moment nicht die Absicht einer Vermittelung.

I.

Wer die nachfolgenden Zeilen liest, wird vielleicht die Vorstellung fassen, daß ich ein Feind der katholischen Kirche sei. Dennoch ist dies nicht der Fall. Ich bin durch geschichtliche Studien hinlänglich mit ihr bekannt geworden, um zu wissen, welche Kraft christlicher Frömmigkeit und thätiger Liebe, welche Frucht sittlicher Ordnungen, und wie reiche Erkenntniß göttlicher und menschlicher Dinge in den Jahrhunderten des Mittelalters ihr Eigenthum war, da sie allein das Christenthum der abendländischen Völker einschloß. Auch nachdem die Reformation zu einer neuen Stufe christlichen Lebens und Denkens emporgeführt hat, hinter welcher die katholischen Völker zurückgeblieben sind, ist doch auf getrenntem Wege häufig ein gleiches Ziel in der Lösung sittlicher Aufgaben und in der Erforschung der Wahrheit verfolgt worden. Selbst das verkenne ich nicht, was die Gegenwart an Ueberresten aufrichtiger Frömmigkeit, thätiger Liebe, und was sie an wissenschaftlichen Leistungen in der Gesammtheit katholischer Nationen aufweist. Ich weiß, daß es sogar da, wo man in der Regel die Wissenschaft nicht um der Wahrheit willen, sondern nur wegen der Vortheile schätzt, welche sich damit erreichen lassen, im römischen Cardinalscollegium einige Ausnahmen giebt, Männer von hervorragenden Verdiensten um kirchliche und andere Forschungen. Nie habe ich in mir ein Hinderniß gefunden, und häufig ist es mir gelungen, mich mit gläubigen Katholiken, welchen das Innere des Christenthums das Wichtigere war, freundlich zu verständigen. Die objectiven Grundlagen sind beiden Kirchen gemeinsam, wenn auch in der evangelischen das Verhältniß des Menschen zur Erlösung tiefer, die sittlichen Normen reiner und die christliche Persönlichkeit in höherer Bedeutung und Freiheit erfaßt wird. Wo ihr Glaube lebt, da strahlt das Licht des Evangeliums wie durch einen Edelstein hindurch in reichem Farbenglanz, und doch ungehemmt. Die katholische Kirche hat mehr von erdigen Bestandtheilen in sich aufgenommen. Aber mir ist nicht unbekannt, daß man auch aus Halbedelsteinen herrliche Gestalten schneidet.

Die evangelische Theologie des 19. Jahrhunderts hat das dogmatische und kirchenpolitische Verhältniß beider Theile nicht ohne Einseitigkeit dargestellt. Aus friedlichen Zuständen gegenseitiger Toleranz hervorwachsend, mit Vorliebe darauf gerichtet, den christlichen Gehalt in seinen verschiedenen Formen zu ermitteln, im Bewußtsein ihrer Ueberlegenheit voll ruhiger Anerkennung der minder entwickelten Standpunkte, hat sie, statt der Polemik gegen die Irrthümer der katholischen Kirche, eine friedfertige Betrachtung gepflegt, worin sie vielmehr die relative, nämlich die in den geschichtlichen Bedingungen begründete Nothwendigkeit und Berechtigung derselben nachwies. Hatte man eine verwerfliche Behauptung durch Zurückführung auf ihr Princip erklärt, so schien wohl damit auch ihr Recht dargethan zu sein, und man fand es natürlich, daß sie sich auch im wirklichen Leben bethätige. Dieser freundliche Ton hat seit fünfzig Jahren auf der Gegenseite kaum noch ein Echo gefunden. Die Päpste seit Leo XII. haben stetig dahin gearbeitet, Priester und Laien gegen den evangelischen Theil der Bevölkerung abzuschließen; die Jesuiten säeten Zwiespalt, wohin sie kamen; durch die schnödesten Lügen über die Reformation und die Protestanten suchte man das katholische Volk mit Vorurtheil und Haß zu erfüllen. Die Katechismen überboten sich darin, und die wissenschaftlichen Werke waren zwar im Ausdruck zuweilen gemäßigter, als der von giftigem Haß und roher Lüge strotzende Katechismus des Jesuiten Perrone, allein auch sie zerschneiden in feindseliger Verkennung das gemeinsame Band. Selbst ein edlerer Mann, der geistvolle und von protestantischen Elementen berührte Möhler, weiß doch in den eigenthümlichen Lehren der evangelischen Kirche nur Karrikatur der Wahrheit zu finden. Die ruhige und würdige Vertheidigung, welche der tiefsinnige Nitzsch dagegen richtete, hat nicht gehindert, daß die geistlose, seichte, von fanatischem Ketzerhaß erfüllte Dogmatik Perrones, welche ihre Stoffe in dem trockenen Einerlei scholastischer Form abhandelt, mit allen Mitteln verbreitet und zur leitenden Autorität in den gelehrten Schulen erhoben ward. Mit gleicher Befangenheit verfährt die Geschichtschreibung. Es sind seltene Ausnahmen, welche nicht alles, was zur katholischen Kirche gehört, mit schwülstigem Lob überschütten, was von der evangelischen ausgeht, verkleinern und entstellen, bis herab zu der deutschen Geschichte von Janssen, in welcher die historische Fälschung es bis zur Miene der Unschuld gebracht hat.

So hat sich denn mit den Zuständen die Aufgabe verändert und die protestantische Theologie sieht sich genöthigt, nicht zwar das Gemeinsame zu leugnen, aber doch ein schärferes Licht auf die Schäden, die Irrthümer und die Feindseligkeiten der römischen Kirche fallen zu lassen. Die Auffassung des Gegensatzes und seine praktische Behandlung wird der protestantischen Seite erschwert durch die Nachwirkungen des friedlicheren Verhältnisses vergangener Tage, durch die innere Parteiung und ihre Vermischung mit der politischen. Wo sich das Extrem des politischen Liberalismus mit Gleichgültigkeit oder Abneigung gegen die evangelische, wie gegen die katholische Kirche verbindet, ist das Urtheil durch rationalistische Dogmen und abstracten Individualismus bestimmt, und daher weder für Erkenntniß des Richtigen, noch auch des Falschen befähigt. Wenn dagegen ein gemäßigter Liberalismus sich aus religiösen und politischen Ideen und Zwecken einen Standpunkt zu bilden sucht, von welchem er die Interessen der evangelischen Kirche vertheidige, so geschieht es gemeiniglich mit Verkennung des Richtigen, was die katholische Kirche enthält. Die Verquickung aber conservativer Bestrebungen in Kirche und Politik hat seit dem Jahre 1848 wiederholt dazu verleitet, daß man das Verwerfliche und Verderbliche der römischen Kirche und der päpstlichen Politik gering achtete. Tief verletzt von den Angriffen auf die Heiligthümer des Glaubens und durch pietätslose Behandlung politischer Auctorität, glauben viele evangelische Christen, Geistliche und Laien, die biblischen und preußischen Traditionen besser zu wahren, wenn sie in den gegenwärtigen Streitigkeiten mit ihren Sympathien auf die römische

Seite treten. Ich bin der Meinung, daß weder das eine noch das andere die richtige Stellung ist. Der liebe Gott hat jedem guten Protestanten zwei Ellenbogen gegeben: den einen, um sich gegen den Unglauben, den anderen, um sich gegen den römischen Aberglauben Raum zu schaffen.

Darüber wird wohl eine weitreichende Uebereinstimmung bestehen, daß die evangelische Kirche die Wahrheit über die Einheit, die katholische hingegen die Einheit über die Wahrheit setzt. Sie hat dieser Einheit im Papstthum ihre Spitze gegeben, und ihr dadurch den entschieden römischen Charakter verliehen. Sie hat dem Papst Unfehlbarkeit angedichtet, und dadurch die Wahrheit ihrer Lehre von Glauben und Sittlichkeit unter sein Machtgebot gebeugt. Sie hat dieses Phantom, ungeschichtlich für die Vergangenheit und verhängnißvoll für die Gegenwart und Zukunft, als eine Offenbarung Gottes und als eine Bedingung der Seligkeit hingestellt. Die höchsten Rechte der Bischöfe und Synoden sind in die Hand des einigen Papstes gelegt. So ist auf dem innerkirchlichen Gebiete die päpstliche Unbeschränktheit zu einer Höhe emporgeführt, welche nicht überboten werden kann, es müßte denn der heilige Vater sich auch für sündlos erklären. Gehorsam gegen den unfehlbaren Papst ist nunmehr das höchste Gebot der römischen Kirche geworden. Die Ehre und die Herrschaft des Papstes ist an die Stelle der Religion getreten; aus ihm spricht der heilige Geist, so oft er ex cathedra redet, und ob er ex cathedra rede, hängt nur von seinem Willen ab; Unterwerfung unter ihn ist Grundlage aller christlichen Tugend und dem, was er für Wahrheit ausgiebt, Gewissen und Ueberzeugung opfern, ist ein Gott wohlgefälliger Akt. Dem Papst allein kommt es zu, über Glauben und Sittlichkeit zu bestimmen, und der Vortheil Roms ist die höchste Norm des Glaubens und der Sittlichkeit. Da es nun kaum eine Handlung giebt, sobald man den Kreis des privatesten Lebens verläßt, welche nicht unmittelbar oder mittelbar mit dem Nutzen der Kirche und Roms in Verbindung gebracht werden könnte, so hängt es nur vom Papste ab, wie weit er einen Act des menschlichen Lebens fordern oder verbieten, billigen oder verurtheilen will. So war z. B. in der bis zu Pius IX. gültigen Gestalt der Bulle in coena Domini, welche doch auch von einem nachträglich unfehlbar gemachten Papste herrührt, jeder verdammt, welcher sich an der Bewilligung von Steuern betheilige, die der Papst nicht erlaubt habe. Es ist also ein Irrthum oder eine Täuschung der Redner des Centrums, wenn sie von ihrer Freiheit in politischen Dingen reden, über welche der Papst nicht zu gebieten habe. Oder wird Herr Windthorst dem Papst gehorsam sein und zugleich mit freier Politik über Besteuerung der Geistlichen verfügen dürfen, nachdem Pius IX. ihre Immunitäten für göttliches Recht erklärt hat? Nach den kirchlichen Principien, zu welchen diese Politiker sich bekennen, bleibt ihnen nur so viel Freiheit, als dem Papste gefällt.

Nun weiß ich sehr wohl, daß es namentlich bei Laien verschiedene Grade der Anerkennung dieser Auctorität giebt, von stiller Verachtung bis zur Gleichgültigkeit, und von der Gleichgültigkeit bis zu eifriger Zustimmung und fanatischer Mitwirkung. Die Zahl der Katholiken, welche von den neuesten Erzeugnissen des römischen Geistes weniger berührt sind, ist daher nicht gering, zumal in protestantischen Gegenden. Mit solchen, welche den neuen Zuwachs an Dogmen für einen Verlust erachten und ihre Kirche bedauern, weil sie sie lieb haben, streite ich hier nicht. Aber gegen die alte und neue Ueberhebung der Päpste, und gegen die wachsende Corruption der Lehre und Sitten, die davon ausgeht, wende ich mich und halte es für Pflicht jedes evangelischen Christen, welcher Einsicht in die römischen Bestrebungen hat, sich dagegen aufzulehnen, mag er sie nun in der päpstlichen Curie oder in der Centrumspartei erkennen. Denn der ganze Unterschied ist doch nur der, daß der Papst den Wagen zieht und das Centrum ihn schiebt.

II.

Immer wieder kommt man auf die Erörterung über die Vorgänge zurück, welche den gegenwärtigen Streit zwischen Kirche und Staat veranlaßt haben, namentlich die Proklamation der päpstlichen Unfehlbarkeit und die Mobilmachung der Opposition gegen das Reich in der Centrumspartei. Von römischer Seite leugnet man das Recht dieser Gründe und man wirft dem Reichskanzler in Bezug auf den ersten vor, daß er ihm zu verschiedenen Zeiten ein sehr ungleiches Gewicht beigelegt habe. Das mag sein. Aber man kann sich darüber leicht einigen, wenn man sich vergegenwärtigt, daß dies Dogma zwei Seiten hat, eine kirchliche und eine politische. Hinsichtlich der ersten hat der Staat kein Recht, die römischen Katholiken zu hindern, daß sie glauben, was ihnen ihre Auctoritäten vorschreiben. Wenn die Bischöfe es für gut befinden, ihr Gewissen zu opfern, die Rechte ihrer Selbständigkeit dem allgemeinen Bischof, und die Mitwirkung bei der Festsetzung von Glaubenslehren dem Unfehlbaren preiszugeben, so ist das ihre Sache. Als man sich bei Hadrian IV. beklagte, daß Rom mit unersättlicher Begier die Rechte und das Geld der Kirchen verschlinge, erwiderte er mit der Fabel vom Magen und den Gliedern. Sind die Bischöfe und die Gelehrten des Centrums der Ansicht, daß ihnen und ihrer Kirche die Wirkungen dieses Verdauungsprozesses förderlich seien, so haben wir Evangelische nur eine gesegnete Mahlzeit zu wünschen. Etwas anderes aber ist es, wenn der Papst in das politische oder in das Grenzgebiet von Kirche und Staat, wo die Schule liegt, eingreift und seine Auctorität mit dem Nachdruck der Unfehlbarkeit geltend macht. Dies ist für Regierung und Volk nicht gleichgültig. Kommen nun Jesuiten und andere beflissene Diener des Papstes hinzu, welche keine höhere Aufgabe kennen, als die Absichten des Papstes auszuführen, so hat der Staat Pflicht und Nothwendigkeit, sich dieser Angriffe zu erwehren. Die Uebergriffe in dem politischen Bereich hat aber Pius zu seinen höchsten päpstlichen Befugnissen gerechnet. Und hier ist der Punkt, auf den es ankommt, und über welchen Herr Majunke und seine Genossen schweigend hinweggehen. Jene einzelnen Vorgänge, welche den Streit zum Ausbruch trieben, sind nur Anlässe; die Ursache desselben sind die Principien ungezügelter Anmaßung der Päpste, welche Pius erneut hat, und nicht das ist die Frage, warum der Streit damals ausbrach, sondern warum die Regierungen nicht schon sogleich nach der Veröffentlichung des Syllabus vom Jahre 1864 zur Vertheidigung ihrer Rechte sich erhoben haben.

Denn in dieser Schrift, welche der Papst allen Bischöfen zur

Belehrung über das, was er für recht und nothwendig achte, zugesendet hat, verdammt er die Behauptung,

§ 23, daß die römischen Päpste und Concilien die Grenzen ihrer Gewalt überschritten, Rechte der Fürsten usurpirt haben.

Also Gregor VII. ist in seinem Rechte gewesen, wenn er auf der römischen Synode von 1076 dem Könige Heinrich IV., welchen er mit dem Banne belegt, verbietet, das Regiment über das deutsche Reich und Italien zu führen und alle Christen, welche ihm den Eid geleistet haben oder leisten werden, von demselben lossspricht. Also er und das Concil v. J. 1080 haben nach göttlichem Recht gehandelt, wenn er der Versammlung zuruft, die ganze Welt solle erkennen, daß weil die Bischöfe im Himmel binden und lösen können, sie auch auf Erden alle Reiche und aller Menschen Besitzungen nach Verdienst dem Einen nehmen und dem Andern geben können. Sie werden die Engel richten, die Fürsten sind Knechte der Engel, wie vielmehr können die Bischöfe über die Fürsten verfügen. Diese Machtvollkommenheit der Bischöfe darf Gregor damit begründen, daß die Teufelaustreiber, welche in der Rangordnung der Kleriker noch unter den Thürhütern ihre Stelle haben, mehr seien, als der Kaiser. Wie viel höher, sagt er, stehen also die Bischöfe über ihm. Jenes ist aber nicht das Aeußerste, was Gregor für sich gefordert hat. Heinrich gegenüber vermochte er noch sich und Andere damit zu täuschen, daß er als Richter über einen Sünder handle, welcher durch seine Vergehen gegen die Kirche auch den Verlust der Königskrone verdient habe. Seine eigentliche Meinung aber ist, daß der Papst nach seinem Ermessen aus Nützlichkeitsgründen die Kronen nehmen oder verleihen dürfe. Er beruft sich dafür auf Zacharias, welcher den Frankenkönig abgesetzt habe, nicht sowohl wegen seiner Missethaten, als weil er für ein so hohes Amt ungeeignet gewesen; er habe Pipin an seine Stelle gesetzt und den Treueid der Franken aufgehoben. *) Mit gleichem göttlichen Rechte hat also auch Innocenz III. von seinem Gutdünken es abhängig gemacht, ob Otto IV., Philipp von Schwaben oder Friedrich II. die

---

*) Monum. Gregorian. ed. Jaffé p. 459. 458.

deutsche Krone tragen solle. Es war kein Uebergriff demnach, wenn der elende Innocenz IV. sammt dem Concil zu Lyon 1245 Friedrich II. des Reiches verlustig erklärte und sich zugleich vorbehielt, über das Königreich Sicilien zu verfügen. Als Bonifaz VIII. gegen Philipp von Frankreich gleiches im Schilde führte, stellte er in der Bulle Unam sanctam seine Prätensionen systematisch zusammen und der Historiker Janssen bestätigt, daß er völlig Recht gehabt habe. Er lehrt, daß Petrus von Gott und der Papst von Petrus die geistliche und weltliche Macht erhalten habe und bezeichnet sie mit dem Symbol der beiden Schwerdter; die weltliche Macht sei daher verpflichtet, dem Papste sich zu Diensten zu stellen. Ueberhaupt sei es für jeden Menschen eine nothwendige Bedingung zur Seligkeit, dem Papst unterworfen zu sein. Wer das leugne, sei nicht besser als ein Manichäer; denn er nehme gleichfalls zwei principia an und in der Bibel stehe: im Anfang (in principio) schuf Gott Himmel und Erde. Es war daher nur Ausführung göttlichen Befehls, als Clemens V. 1309 (und ganz ähnlich Sixtus IV. 1483) die Venetianer wegen eines Streites um den Besitz von Ferrara für ehrlos erklärte, jedem gestattete, sich des Dogen zu bemächtigen, alle Kinder bis ins vierte Glied von allen Aemtern und Würden ausschloß, die fremden Nationen aufforderte, die Venetianer zu Sclaven zu machen, wo sie wären, ihre Waarenlager zu plündern; und die Franzosen waren auch diesmal so gehorsame Söhne des Papstes, daß sie den Befehl getreulich ausführten.

Dies ist nur eine dürftige Auswahl aus einer langen Reihe päpstlicher Unthaten. *) Doch wie schnöde sie auch sind, so sind sie Worte und Handlungen der einzelnen; Pius aber faßt sie in jenem Satze des Syllabus alle zusammen und überreicht den Fürsten das gesammte duftende Bouquet päpstlicher Hoffärtigkeiten.

Und Leo XIII.? Wie konnte man von einem Papste erwarten, er werde einen Schritt zurückthun auf dem gleichen Wege! Rom ändert nur die Methode, nicht seine Ziele. Dem reizbaren,

---

*) Viel mehr davon findet man in der trefflichen Schrift von J. F. von Schulte, die Macht der römischen Päpste über Fürsten u. s. w. 2. A. 1871.

ungeduldigen, häufig plump zufahrenden Pius ist Leo gefolgt, welcher mit minderer Erregung, zögernd, zweideutig dieselben Zwecke verfolgt. Nichts hat er gethan, was solche schmachvolle Beleidigung der Regierungen und Nationen mindern könnte. Aber er hat mehr Gesichtspunkte theologischer Gelehrsamkeit, welche seinem Vorgänger völlig fremd war.

Er hat den heiligen Thomas von Aquino zum Patron der Schulen und Universitäten erhoben und in der Würdigung dieses Mannes darf sich einmal meine eigene Neigung mit der des Papstes zusammenfinden. Denn Thomas ist in der That einer der größten Denker, ein edler, tiefsinniger und klarer Geist. Er hat auf der Grundlage des kirchlichen Systems aus aristotelischen, traditionellen, auch mystischen Elementen ein kunstvolles Lehrgebäude aufgeführt, erwärmt von frommem Gefühl und sittlichem Ernst. Er unterscheidet sich daher auch nicht selten von der Ueberreife des gegenwärtigen Katholicismus. Er erklärt sich mit schlagendem Beweise gegen die absolute Sündlosigkeit der Maria; er ist zwar eifriger Mönch und behauptet gewohntermaßen die Verdienstlichkeit der mönchischen Leistungen, allein er spricht auch den Gedanken aus, daß jede Handlung nach allgemeinem Gesetz oder individueller Bestimmtheit nothwendig gut oder böse sei, womit alles unter die Pflicht gestellt und dem Belieben des Consilium die Grundlage entzogen ist.*) Wie Augustin und fast alle tieferen Theologen des Mittelalters, bekannte er sich zur Lehre der unbedingten Vorherbestimmung, und er hat sie consequenter als Luther und Calvin vorgetragen; aber wir entschuldigen dies um der religiösen Momente willen an den Scholastikern, was ihre Nachfolger an den Reformatoren mit unverständigem Eifer verdammen. Thomas führte ein frommes, zwischen Andacht, Studien und Unterricht getheiltes Leben; ich rechne ihn zu den achtungswerthen katholischen Heiligen, obgleich ich das Wunder, welches sein Biograph berichtet, daß er, wiewohl er ein starker Mann war, am Altar zu Salerno zwei Ellen hoch über den Fußboden emporgeschwebt sei, den Gelehrten des Centrums anheimgebe. Da seine Lehre nach jetzigem

---

*) Prim. Sec. 18,9.

römischen Maßstab nicht völlig correct ist, hat der Papst seinem Vorbilde nicht gleiche Ausdehnung mit seinem Patronate gegeben, sondern die thomistische Weisheit nur so weit sanktionirt, als sie späteren päpstlichen Definitionen nicht widerspreche. Ich glaube indeß, daß von allem, was den Papst bewog, die katholische Theologie an dies scholastische Muster zu binden, ihn nichts so sehr gelockt hat, als Thomas Bemühungen, die Unfehlbarkeit des Papstes und seine Gewalt über Kirche und Staat zu begründen. Im Papste, lehrte er, ist die höchste geistliche und weltliche Gewalt vereinigt, und da der Papst als Haupt der Kirche für die Erreichung der höchsten Zwecke des Menschen Sorge trägt, so müssen ihm diejenigen unterworfen sein, deren Aufgabe es ist, an den untergeordneten und vorbereitenden Zwecken zu arbeiten. Man sieht, nach Thomas Ideal müßte der Papst die ganze Welt regieren, wie er seinen Kirchenstaat regierte. So streng hält er nun zwar die Vereinigung beider Gewalten nicht fest. Aber darauf kommt seine Theorie doch hinaus, daß die Könige ihm unterworfen sein sollen, wie Christo; daß sie seine Vasallen seien und sein Wille ihr höchstes Gesetz. Diese Lehre stimmt mit dem Syllabus überein; sie gehört also nicht zu denjenigen thomistischen Sätzen, welche von späteren Päpsten beseitigt worden sind. Wir müssen mithin darauf gefaßt sein, daß künftig an Schulen und Universitäten gelehrt werde, daß die Könige ihre Macht vom Papste haben und verpflichtet sind, ihm zu gehorchen. Und wenn nun jesuitische Lehrer oder Priester im Geiste des Herrn Majunke solche Gedanken durch Anwendungen vervollständigen, so hat der Staat, mag er evangelisch oder katholisch sein, alle Ursach, Schulen und Lehrbücher unter strenge Aufsicht zu nehmen. Jeder muß zugeben, daß hier ein Ausfluß des päpstlichen Absolutismus vorliegt, welcher von den Maigesetzen völlig unabhängig ist. Niemand aber wird leugnen, daß wenn Leo solche Doctrinen bestätigt, er nicht gesonnen sein kann, mit dem deutschen Reiche Frieden zu schließen. Wenn darüber noch ein Zweifel war, so ist er durch des Papstes und des Staatssekretair Jacobini Erwiderungsschreiben an den Kaiser Wilhelm gehoben. Der offenen, loyalen Anerbietung des Kaisers, daß wenn er die Anzeigepflicht für anzustellende Geistliche zugebe, was der Papst doch selbst in Aussicht gestellt hatte, so werde die kaiserliche Regierung eine Revision der Maigesetze veranlassen, hat er mit einer Antwort begegnet, welche alles auf Schrauben stellt, alles in seiner Willkür beläßt. Die Anzeige ist so ziemlich das Geringste, was der Staat fordern darf, um einige Sicherung gegen Priester zu besitzen, welche sich zuvor als seine Feinde erzeigt haben. In dem mittelalterlichen Kampfe zwischen der weltlichen und geistlichen Macht hat es sich um Größeres gehandelt; über Dinge von so geringer Bedeutung hätte man sich leicht geeinigt. Es ist ja auch oft wiederholt, daß dieselben Bischöfe anderen Regierungen die Anzeige machen, welche sie der preußischen verweigern. Um einer solchen Kleinigkeit willen, welche noch dazu selten genug zur Anwendung kommen würde, erweiterte Pius den Streit zu immer größerem Umfange. Er und Leo haben wiederholt über die traurige Lage geklagt, in welche die Gemeinden durch die Entfernung der Bischöfe und Pfarrer versetzt seien. Wenn dieses Mitgefühl aufrichtig gewesen wäre, so hätte es nur eines Wortes bedurft, um den Zustand zu bessern. Aber sie haben es nicht gesprochen, und Leo wird es nicht sprechen, so lange er hoffen darf, daß sein Widerstand nachhaltiger sei, als der des Staates. Denn die Päpste haben oft die Völker in geistliche Noth gebracht und sie dadurch aufgestachelt, ut resipiscant reges, aber niemals haben sie aus Erbarmen gegen unglückliche Völker ein freiwilliges Zugeständniß gemacht. Wir Deutsche meinen treuherzig, daß was wir für Sache der Religion, des Lebens in Gott, des christlichen Gewissens und Mitgefühls halten, müsse auch der Kurie dafür gelten. In Rom würde man darüber lächeln. Alle diese Dinge sind nur Glöcklein am Gewande des römischen Oberpriesters. Der Gegenstand der päpstlichen Religion ist der Papst selbst. Seine Ehre ist Gottes Ehre; seine Herrschaft das Reich Gottes. Die christliche Dreieinigkeit ist für ihn veraltet. Die Dreieinigkeit, welche lebendigen Werth hat, ist er selbst, der heilige Geist, der ihn inspirirt und Maria, welche er ehrt und die ihn wieder ehrt. Nach römischer Praxis hat der Papst nicht die Aufgabe, die Menschen zu Christo zu führen, sondern Christus ist dazu da, die Menschen der Herrschaft des Papstes zu unterwerfen. Zur Zeit des vaticanischen

Concils sah ich am Eingang der Straße, die zur Peterskirche führt, ein riesenhaftes Gemälde aufgerichtet, ein schlechtes Bild, wie alle, welche Pius inspirirt hat, doch bezeichnend: Christus auf einer Wolke thronend. Nicht zu seiner Anbetung forderte der Papst auf, sondern Christus wies mit dem Finger auf eine Inschrift zum Lobe des Papstes in Form seiner eigenen Worte und gebot den Völkern: Beuget die Kniee vor meinem Gesalbten. — Christus spricht im Evangelium: Ich bin gekommen, zu suchen und selig zu machen, was verloren ist, und deshalb hat jede christliche Kirche nur so viel Werth, als sie befähigt und beflissen ist, die Menschen zum Frieden mit Gott, zur Beseligung und Heiligung zu führen; die römische Kirche aber, soweit sie vom päpstlichen Interesse geleitet ist, gebraucht Heil und Verderben der Ihrigen nur als Mittel für die Zwecke, welche mit der Herrschsucht ihres Hauptes zusammenfallen.

Wir dürfen also keine ehrliche Handbietung des Papstes erwarten, so lange er hoffen darf, mit List und Zögern zum Ziel zu kommen. Man braucht nicht Politiker von Fach zu sein, um den allgemeineren Plan seines Feldzuges zu durchschauen. In Rom sprechen Kundigere offen darüber, und auch deutsche Zeitungen haben treffende Vermuthungen ausgesprochen. Zunächst kommt es darauf an, den Kampf mit unserem Lande zu lokalisiren. Daher werden die viel weiter greifenden Maßregeln der französischen Regierung gegen Schulen, Universitäten, Bischöfe geduldig ertragen. Leo erklärt sogar im December 1882, daß ihm jede politische Verfassungsform recht sei, was soviel heißt, er lasse den Legitimismus und den unbrauchbaren Heinrich V. fallen und sei bereit, die Republik oder ihre Erben zu wechselseitigem Dienst gewähren zu lassen. Mit gleicher Zurückhaltung sieht er den Verordnungen der belgischen Regierung über die Schulen zu, ohne wenigstens öffentlich die Bischöfe in ihrem Widerstande zu ermuthigen. Der Schweiz, welche kurzen Prozeß mit seinem aufgedrungenen Bischof gemacht und den Altkatholicismus befestigt hatte, erklärt der gütige Papst, er liebe sie, und schickt ihr um des Friedens willen den Fanatiker und Verleumder der deutschen Armee, Mermillod. Mit Rußland schließt er vorläufig einen Vertrag, zufrieden, einiges für seine Bischöfe zu erreichen, weil er weiß, daß dort mehr nicht zu erlangen ist. So vermag er seine Kraft auf Italien und das verhaßte deutsche Reich zu concentriren. Dort wird der Boden des Landes immer vollständiger von Vereinen unter Leitung der Priester überzogen, mit deren Hülfe der Wahl klerikal gesinnter Magistrate und Abgeordneten vorgearbeitet wird, und die Radikalen, welche mit ihrer Politik den Ast abzusägen pflegen, worauf sie sitzen, unterstützen den Papst dabei, indem sie Erweiterung des Wahlrechtes betreiben. Schon giebt er in seinem „letzten Wort" ein Signal zum Kampfe gegen die piemontesische Herrschaft und verheißt dem auserwählten italienischen Volke ein goldenes Zeitalter unter seinem Regiment. Seine Getreuen an anderen Orten verstehen auch diesen Ruf. Herr Windthorst hat sich zu seinem Herold gemacht. Wird nun Frankreich zu dem unvermeidlichen und vom Papst ersehnten Kriege schreiten, sei es gegen Italien oder das deutsche Reich, so wird der Papst sein Bundesgenosse sein. Und in dieser Voraussicht muß in Deutschland die Wunde offen gehalten, der innere Zwist genährt, die politische Parteiung verstärkt und in dem katholischen Volke der Wahn verbreitet werden, der Papst sei der Bringer des Friedens, aber der Kaiser und seine Regierung die Verfolger, die Unterdrücker der katholischen Kirche.

III.

Und die Römlinge in Deutschland? Ich kann mich einer Theilnahme nicht erwehren für die Bischöfe und Priester, welche vor die schwierige Wahl gestellt waren, entweder das vaticanische Dogma anzuerkennen, was sie bisher bekämpft hatten, oder mit der römischen Kirche zu brechen. Sie haben aber nicht die christliche Standhaftigkeit bewahrt; sie haben lieber Verfolger ihrer Freunde, als Märtyrer des Papstes werden wollen. Sie müssen nun auch die sittlichen Folgen tragen, denn wer vor einem großen Entschluß zurückgewichen ist, ist nicht mehr der frühere Mann. Das Gewissen läßt sich wohl beugen, aber es läßt sich nicht unterdrücken, denn die Stimme Gottes ist stärker als die des Papstes. Ein Wechsel im Verhalten der Bischöfe, wie wir ihn 1870 erlebt haben, ist eines der gewöhnlichsten Ereignisse in der Geschichte dieser Kleriker, und stets war tyrannische Behandlung der Beharrlicheren die Folge. An die Stelle christlicher Resignation und duldenden Muthes tritt dann mit dem bösen Gewissen Leidenschaftlichkeit, Ungerechtigkeit, und die eine Unwahrheit gebiert immer neue. Und bei alledem müssen die Bischöfe von den Rednern des Centrums das Lob ihrer Charakterfestigkeit vernehmen, während auf die wirklich charaktervollen Altkatholiken jegliche Schmähung geschleudert wird. Die Bischöfe haben ihre Freiheit aufgegeben, sie sind Knechte des Knechtes der Knechte Gottes geworden. Was sie eingebüßt, suchen sie durch despotisches Regiment gegen ihre Untergebenen zu ersetzen. Ein deutscher, besonders ein preußischer Bischof, wird in Rom in der Regel mit einem gewissen Mißtrauen angesehen. Daher pflegt er, sobald er die Verwaltung übernommen hat, ein Zeichen seines korrekten Gehorsams und seiner Freiheit von Dankespflicht gegen den Staat nach Rom gelangen zu lassen. Man erinnert sich des katholischen Armeebischofs Namzanowski. Kaum war er in seine Stelle eingesetzt, ward darüber beglückwünscht von den hervorragenden Katholiken Berlins, so erklärte er bei dem angefügten Festmahl in einer Rede, daß er den Erzbischof Droste-Vischering von Köln als sein Vorbild betrachte, diesen Menschen, welcher nicht ohne Täuschung der Regierung in sein Amt gekommen war, und von welchem Cappacini, der Bevollmächtigte des Papstes gestand, „daß kein Gouvernement der Welt auf die Dauer mit solchem Manne auskommen könne, daß er coûte qu'il coûte entfernt werden mußte." *) Niemand hatte den Bischof zu einer solchen Aeußerung wahrnehmbar provocirt; aber es muß auffallen, daß katholische Ministerialräthe, Mitglieder der katholischen Abtheilung im Cultusministerium dabei gegenwärtig waren und, soweit aus dem Zeitungsbericht zu schließen ist, sich nicht bewogen fanden, ein Wort zu Gunsten des Staates dagegen zu sagen. Um von den vorsichtigeren, doch ziemlich durchsichtigen ersten Maßregeln des neuen Bischofs Korum von Trier und den Maßlosigkeiten trier'scher Blätter abzusehen, so ist in frischem Gedächtniß die be-

---

*) Friedberg, Grundlagen der preuß. Kirchenpolitik. S. 37.

leidigende Herausforderung des breslauer Bischof Herzog. Welche Abmachungen an Stelle der Eidesleistung zwischen der Regierung und diesem Prälaten stattgefunden haben, kann ich nicht wissen; allein darüber kann kein Zweifel bestehen, daß er die Regierung zu dem Vertrauen veranlaßt habe, er werde friedfertig verfahren und nicht aus dem Hinterhalt hervorbrechen. Kaum aber hat er das neue Amt angetreten, so buhlt er um die Gunst des Papstes, indem er die ganze evangelische Kirche aufs schnödeste beleidigt. Er macht ein päpstliches Breve von 1864 bekannt, welches die evangelischen Geistlichen mit schimpflichen Ausdrücken bezeichnet, und die kirchliche Trauung eines gemischten Paares durch einen evangelischen Geistlichen, auch wenn sie nachfolgen soll, für ein Hinderniß der katholischen Trauung erklärt. Mir ist nicht unbekannt, daß ein Priester in Schlesien schon vor 8 bis 10 Jahren in einem Falle nach jenem Decret zu handeln versuchte, aber davon abstand, als er bemerkte, man werde sich an ihn nicht kehren; und es ist anzunehmen, daß dieser mißlungene Versuch in Schlesien nicht der einzige war. Ein Decret also, dessen Inhalt in Schlesien nie gegolten, welches er selber in Berlin nie befolgt, welches man während der fast zwanzig Jahre seiner Existenz überhaupt nicht für erforderlich gehalten, dessen vereinzelte Anwendung selbst Katholiken empfindlich verletzte, macht dieser beleidigende Störenfried bekannt, um es dann eben so plötzlich zu beseitigen, offenbar weil dem Papst der Zeitpunkt noch nicht geeignet schien. Obgleich mir diese Handlung bestätigt, daß Ehrlichkeit und Treue bei vielen Bischöfen eine andere Bedeutung hat, als in der Bibel, bin ich ihm doch dafür dankbar, denn das protestantische Ehrgefühl, welchem ich eine größere Reizbarkeit wünsche, ist dadurch in einer großen Anzahl von Geistlichen und Nichtgeistlichen gekräftigt worden. Während sie sich gewöhnt haben, einen römischen Bischof mit einem gewissen historischen Respekt anzusehen — und das ohne allen Grund, denn die meisten unserer jetzigen evangelischen Geistlichen stehen an persönlichem Werth und theologischer Bildung hoch über der Masse der Bischöfe — können sie es nun schwarz auf weiß lesen, wie ein römischer Bischof sie ansieht.

Ich irre wohl nicht, wenn ich das Centrum als ein kirchen=

politisches Organ des Papstes und der Bischöfe bezeichne. Die gemeinsamen Interessen können nicht devoter, nicht zäher und ungestümer vertreten werden, als es hier geschieht. Die Klagen über den Zustand der verwaisten Gemeinden mögen übertrieben sein, zum guten Theil sind sie gewiß begründet. Der katholische Christ wird es schmerzlich empfinden, daß ihm der Priester fehlt, zu welchem er Vertrauen hat, und daß ihm die Theilnahme an der Messe und der Gebrauch anderer Sacramente erschwert ist. Indessen, wenn wirklich die Leiden der Gemeinden so groß sind, und ihre Verwahrlosung so verderblich für die Sitten, wie die Redner des Centrums versichern, so scheint es doch Christenpflicht zu sein, daß Bischöfe und Centrum den hartherzigen Papst beschwören, endlich von seiner störrigen Politik etwas abzulassen. In gegenwärtigem Augenblick ist alles auf die Spitze der Anzeigepflicht zusammengedrängt. Nach wiederholten geschichtlichen Erfahrungen ist wohl anzunehmen, daß der Papst in diesem Punkt nachgegeben hätte, wenn die Staatsregierung, die Bischöfe und die Volksvertretung vereinigt auf ihn gewirkt hätten. Der Kaiser hat das Seinige gethan, seine Regierung hat die eigenen Patronatstellen besetzt, der Papst antwortet mit Winkelzügen, die Bischöfe schweigen, und was thun die Männer des Centrums? Sie klagen die Staatsregierung an und preisen die entgegenkommende Güte des Papstes. Ihr Mund fließt über von Wehklagen über die unerträglichen Lasten, die das katholische Volk drücken, aber sie wollen mit keinem Finger daran rühren. „So groß die Noth auch ist," ruft Herr von Schorlemer mit hohem Pathos aus, „in der sich die Gemeinden und die ganze katholische Kirche im Staate befinden, so ist diese Noth doch nicht so schlimm, als wenn wir einen Klerus hätten, der nicht mehr von den Bischöfen, sondern vom Oberpräsidenten angestellt wird." Wie geschieht die Besetzung durch den Oberpräsidenten? Herr Windthorst fügt die Erklärung hinzu: wenn ich immer nein sagen kann, besitze ich das Mittel, schließlich denjenigen in die erledigte Stelle zu bringen, den ich haben will, man müßte denn die Stelle überhaupt unbesetzt lassen." Ist es möglich, daß ein Mann, welcher den Ernst der Dinge fühlt, die Entscheidung der Streitfrage mit dieser verstiegenen Sophisterei umgeht? Vernehmen wir von den Führern des Centrums die erschütternden Realitäten des Lebens, oder wird uns ein Drama mit vertheilten Rollen vorgetragen? Ich frage mich, ob auf diese Redner nicht die Worte Pius VII. anzuwenden sind, welche er dem mit wechselndem Mienenspiel auf ihn einredenden Napoleon I. erwiderte: Tragediante! Commediante!

In solchen Parlamentsreden herrscht ein römischer Ton, und römisch ist die Politik, welche mit unwahren Behauptungen unablässig die Gemeinden gegen Gesetz und Regierung aufhetzt. Ich sage nicht, daß überall im Centrum auch das letzte Ziel, die Beseitigung des protestantischen Kaiserthums und die Auflösung des deutschen Reiches, gebilligt werde. Es sind ja deutsche und preußische Männer, und aus dem Getümmel der Leidenschaften vernimmt man zuweilen, wie in den Worten des Abgeordneten Steinbusch, einen Klang aufrichtiger Vaterlandsliebe. Es ist auch erklärlich, daß die Farben stärker aufgetragen werden, um unter steten Wiederholungen nicht durch Einförmigkeit zu ermüden. Würdiger freilich würde es mir erschienen sein, wenn Herr von Heeremann in seiner Rede über die pflegenden Ordensgemeinschaften es vermieden hätte, kleine Ursachen mit großen revolutionären Wirkungen in Verbindung zu bringen. Das Lob dieser weiblichen Genossenschaften, welche zu den trefflichsten Instituten der katholischen Kirche gehören, wird jeder Kundige gelten lassen. Daß der Staat aber sich die Genehmigung ihrer Ansiedelungen und Kenntnißnahme ihrer Ausbreitung vorbehält, ist bei Genossenschaften ganz berechtigt, welche ihre obere Leitung zum Theil von auswärtigen Punkten her, wie von Nancy und Rom erhalten und welche keine Garantie bieten, daß sie nicht für fremde Zwecke benutzt werden, die ihren Statuten fern liegen. Wie hat nun die Regierung ihr Aufsichtsrecht geübt? Der Minister von Goßler erklärt, daß er in zwei Jahren mehr als 1400 Schwestern die Genehmigung zur Aufnahme ertheilt habe; daß in derselben Zeit 26 neue Niederlassungen bewilligt und nur in zwei Fällen die Erlaubniß versagt sei, wo die Errichtung der Anstalten in polnischen Gegenden und unter Bedingungen geplant wurden, welche Aufmerksamkeit erregen mußten. Worauf gründen sich also die stürmischen Beschwerden des Herrn von Heeremann? Darauf, daß die Anstalten vierteljährlich ein Verzeichniß ihrer Insassen einreichen sollen und aus einem Büreau eine Rückfrage wegen eines zweifelhaften Namens erfolgt ist. Hieraus erhellt für ihn, daß die Schwestern schlechter als die Vagabunden behandelt werden. Dies Gesetz vor allen verletze und erbittere die Katholiken, (welche ohne Herrn von Heeremann im allgemeinen sehr unkundig dieser Listenführung und sehr gleichgültig gegen sie sein würden); ja, es nage an den Wurzeln des Staates und der Dynastie. *)

Die Combination, welche der Redner macht, liegt nicht in den Thatsachen, sie ist Werk seiner Leidenschaft. Der Präsident des Landtages wird zum Propheten, und die Weissagung lautet, wie wenn sie von demselben Geiste inspirirt wäre, welcher den Auswurf der Sozialisten treibt. Einem preußischen Parlamente werden solche Dinge geboten, das Centrum ruft lebhaften Beifall, und die übrigen schweigen!

Das sind nun zugleich hauptsächliche Merkmale von der Sucht des Staates, seine Omnipotenz geltend zu machen, des Staates, welcher in schwerem Kampfe seine Auctorität behauptet gegen das wüste Geschrei und die stille Wühlerei oppositionssüchtiger Parteien. Aber der schwerste Kampf über diese Ansprüche des Staates wird, wie Herr Windthorst weissagt, darüber entbrennen, daß die Freiheit der Schule erobert, d. h. die katholische Schule gänzlich dem Klerus untergeben, der Einfluß des Staates daraus verdrängt werde. Diese Bestrebungen sind in manchen katholischen Ländern, Belgien, Frankreich, Italien bereits im Gange; auch in Deutschland soll also langer Hand ein völliger Bruch zwischen Schule und Staat vorbereitet werden. An dieser Stelle will ich nur soviel sagen, um mich vor Mißdeutungen zu schützen, daß ich jedenfalls für die Volksschulen im Princip Theilung nach evangelischer und katholischer Konfession für erforderlich halte. Wollte man gar, wie ein neuerer Vorschlag lautet, die Schulen katholischer Kinder ganz neutral gegen Religion behandeln, so würde man etwas versuchen, was im Unterricht undurchführbar ist, und zur Forderung klerikaler Schulen berechtigte. Die Zurückgabe der Schulaufsicht über die

---

*) Stenogr. Bericht S. 1091.

evangelischen Schulen an die evangelischen Geistlichen, welche das Natürliche und früher Bewährte ist, die Verleihung der Aufsicht über katholische Schulen an katholische Geistliche, so weit sie Vertrauen verdienen, erscheint mir ebenfalls als wünschenswerth. Daß katholische Schulen von Intoleranz oder parteiischen Absichten evangelischer Inspektoren zu leiden gehabt haben, ist bis jetzt nicht dargethan. Ein Gelehrter des Centrums beweist die Ungehörigkeit evangelischer Inspektoren damit, daß ein solcher nach Kirchenliedern gefragt habe. Er möge mir erlauben zu bemerken, daß Dank den evangelischen Einflüssen, die Gemeinden in vielen katholischen Kirchen innerhalb und außerhalb Preußens deutsche Lieder singen. Wenn man den Baum an seinen Früchten erkennen darf, so hat die preußische Schulordnung sich im Vergleich mit allen anderen glänzend bewährt, und wenn eine Schattirung des Werthes innerhalb unseres Landes vorhanden ist, so fällt sie, so weit meine Beobachtung reicht, nicht zum Nachtheil der evangelischen Schulen aus. Die höchste Blüthe der freien Schule darf man nicht in Belgien oder Frankreich suchen, wo Schwankungen nach der Seite des Staates hin stattgefunden haben, sondern wenn sie irgendwo ist, müßte sie im Kirchenstaat gewesen sein, so lange der Papst dort verfügte. Aber die päpstliche Volksschule war ein unfindbares Ding. Die vielen Peterspfennige haben nie dahin ihren Weg genommen. Den protestantischen Schulen in Rom gebührt das Verdienst der Anregung, daß Leo sich aufschwang zu einem einmaligen Opfer von 100 000 Fr. für die Volksschulen. Ueber den Zustand der höheren Schulen in Rom im Jahre 1870 theile ich folgenden authentischen Bericht eines damals in Rom lebenden Deutschen mit: „Sobald die italienische Regierung sich Roms bemächtigt hatte, richtete sie höhere Schulen ein. Man prüfte die Aufzunehmenden. Da ergab sich ein Jammerbild der päpstlichen Schulen. Junge Leute, die fünf oder sechs Jahre klassische Studien betrieben hatten, konnten kaum griechisch lesen. Römische Gymnasiasten von sechzehn und achtzehn Jahren wußten nicht, was für eine Wissenschaft Geographie sei. Sie erklärten Sardinien für eine Stadt, Mailand für die Residenz Siciliens, Dante für einen Franzosen, Petrarca für eine Dichterin, Columbus für einen Heiligen oder gar für einen Apostel. Von den Aspiranten zum Technikum schweigt man am besten; sie konnten fünfziffrige Zahlen ohne Zögern und Verbessern nicht schreiben."

Unfehlbarer, hast Du dazu fünf und zwanzig Jahre Deine Heerde gehütet, um solche Schafe zu erziehen?

Gewiß, um die Schule könnte es noch Kampf geben. Keine deutsche Regierung wird hoffentlich so pflichtvergessen sein, daß sie dem römisch deutschen Klerus die Schüler preisgäbe, obgleich er besser ist, als der römische.

Ich füge hier einige selbsterlebte Beobachtungen hinzu über den Einfluß des Pius auf die Kunstleistungen, zu denen er persönlichen Bezug hatte. Wenn man die in der letzten Zeit stark manierirten, auch schmeichlerischen Gemälde Overbecks im Quirinal ausnimmt, so erstaunt man über die geistige Dürftigkeit der einheimischen Künstler, welche unter so vielen talentvollen Fremden päpstliche Aufträge ausgeführt haben. Die überaus geschmacklose Mariensäule, welche der Papst aufgerichtet hat, ist hinlängliches Zeugniß von dem zopfigen Styl, welchen er in plastischen Werken liebte. Das war das Denkmal für das erste neue Dogma, was er gemacht hatte. Zur Einleitung für das zweite ließ er ein großes Gemälde ausführen, in der Buntheit eines fast bäurischen Geschmackes, wo der Strahl göttlicher Erleuchtung auf seinen eigenen leeren Kopf fällt, und dieses elendeste Machwerk ließ er in den Stanzen des Vatican unmittelbar hinter den unsterblichen Gemälden Raphaels anbringen. Wenn Herr Reichensperger das große Kirchenfenster gesehen hätte, welches, wie man mir sagte, im Auftrag des Papstes gearbeitet worden war, so hätte er vielleicht milder über die königliche Glasmalerei in Berlin geurtheilt. Hier erblickte man Se. Heiligkeit im weißen päpstlichen Ornat, zur Rechten und Linken einen Soldaten mit Gewehr, und nach den Truppengattungen roth oder blau behost, alle drei in sehr großem Format. Auf einer Ausstellung kirchlicher Kunstgegenstände in Rom zur Zeit des Concils war auch nicht ein einziges neueres Bild vorhanden, welches nicht nach Auffassung und Technik bewiesen hätte, wie tief die Kunst gesunken sei. Die Marien ordinäre Figuren, ohne einen Zug geistiger Frömmigkeit, nicht Madonnen, sondern Bauerdirnen. Der heilige Franziskus kniet vor dem gekreuzigten Christus, beide in Lebensgröße. Die Füße Christi sind angenagelt, mit dem übrigen Körper neigt er sich herab zu dem Heiligen. Die Andacht wird gestört durch die Verrenkung der ganzen Gestalt, welche auf den Heiligen fallen würde, wenn nicht die Füße befestigt wären. So stand die kirchliche Kunst etwa auf gleicher Stufe mit der Schulwissenschaft unter diesem Papste, welcher freilich nicht einmal das Französische richtig sprach. Herr Windthorst wird zugeben, daß nicht immer Papstthum, freie Wissenschaft und freie Kunst zusammen gehen.

Er verheißt uns unter der Bedingung den Frieden, daß das rechtliche Verhältniß der katholischen Kirche zum Staat, wie es unter Friedrich Wilhelm IV. war, wieder hergestellt werde. Allerdings haben sich über die Lage seiner Kirche katholische Theologen des In- und Auslandes und der Papst selbst damals anerkennend geäußert. Warum hat denn aber Pius im Syllabus den Fürsten, die sich ihm nicht unterordnen, der Gleichberechtigung der Konfessionen, der Toleranz gegen die Protestanten, dem staatlichen Recht auf Besteuerung und Gericht des Klerus und vielen anderen Dingen, mit denen unser Leben verwachsen ist, den Krieg erklärt? Der Papst nehme das zurück und man wird sich näher kommen.

Wenn die Staatsregierung, bewogen durch wohlwollende Rücksicht auf die Gemeinden und die unleugbaren Schwierigkeiten innerer, vielleicht auch äußerer Politik, eine Milderung der Gesetze herbeiführen will, so wird dies allem Anschein nach durch eine Abmachung mit dem Papste nicht sobald gelingen, weil er eben den Frieden nicht will. Sie wird demnach endlich zu dem Punkte zurückkommen, ohne den Papst zu thun, was sie für erforderlich hält. Ich glaube, daß der Gesichtspunkt der Regierungsvorlagen mit Recht auf die Beseitigung des kleinen Krieges gerichtet war, welchen sie mit der Menge der einzelnen Pfarrer zu führen hatte, denn er ist für die Regierung der schwierigste, und für die Gemeinden der empfindlichste. Da dies am leichtesten zu erreichen ist, wenn der Regierung die Befugniß, aber nicht die Nothwendigkeit zusteht, die Anzeige zu fordern, so muß ich es als einen Mißgriff ansehen, daß der Landtag das discretionäre Verhalten zu diesem Gesetz versagte. Es wird nicht leicht sein, eine mildernde Modification desselben zu finden, und wenn man sie gefunden hat, wird sie wahrscheinlich keine Majorität erlangen. Eine Aufhebung des Gesetzes dürfte als Regierungsvorlage mehr Aussicht auf sie haben, allein statt ihrer müßte nothwendig ein scharfes Strafgesetz gegen unbotmäßige Kleriker treten, und wie wollte man dessen Annahme bei der jetzigen Zusammensetzung des Landtages erreichen? Da weder vom Papst, noch von den Centrikern ein Entgegenkommen zu erwarten ist, sondern nur neue Forderungen, so werden diese Bemühungen nicht zum Frieden führen, aber die Regierung hat damit auf's neue vor jedem billigen Urtheil ihre Bereitwilligkeit dazu bewiesen und darf sich sagen, daß sie das Ihrige gethan habe. Ich gebe die Hoffnung nicht auf, daß unter den gebildeten Katholiken nicht wenige sein werden, die es erkennen, auf welcher Seite Aufrichtigkeit und wahre Theilnahme für das Wohl der Katholiken sei, obgleich man sich darüber nicht täuschen darf, daß das niedere Volk sich am leichtesten dahin neigt, wo Fanatismus und Verleumdung im Namen der Religion sprechen. Wenn aber nicht auf katholischer Seite, so wird doch dem evangelischen Volk um so gewisser die Erkenntniß aufgehen, daß der Papst und seine Werkzeuge zugleich Feinde des Vaterlandes, wie des evangelischen Glaubens und der evangelischen Freiheit sind. Ich meine, daß diese Erkenntniß im Vorschreiten ist, und daß, wenn die Regierung sich standhaft zeigt gegen eine hartnäckige und friedlose Kirchenpolitik, ihr allmälig und sicher der stärkste Beistand aus dem Bewußtsein des protestantischen Volkes erwachsen wird. Würde die Staatsregierung, von dem Beistand derer verlassen, die das Reich und die evangelische Kirche lieben, sich jetzt genöthigt sehen, nicht blos einzulenken, sondern auch umzukehren, so würden die Folgen sich bald alle gegen diejenigen kehren, von welchen man eine andere Führung erwartet hätte. Denn das Geschehene ist deutlicher, als das Werdende und der Demüthigung gegen Rom würde eine tiefe Unzufriedenheit des evangelischen Volkes und eine gesteigerte Erbitterung der Parteien folgen. Die trotzige Ueberhebung der Papisten, die Gunst, welche sie bei einflußreichen Personen genießen, die Abhängigkeit der Regierung von dem Einfluß der Römlinge, ihre Schwäche gegen die unabläſſigen

Forderungen derselben, die fortdauernde Erregung der verblendeten katholischen Masse, das alles würde mehr und mehr die Leidenschaften auch des evangelischen Volkes anfachen und Zustände herbeiführen, gegen welche die jetzige Aufsätzigkeit des Centrums und seine Folgen das geringere Uebel sind. Setzen wir einmal als möglich, daß die Mönchsorden, welche entweder Lehren oder Predigt betreiben oder beschaulich leben, Rückkehr und ungehinderte Ausbreitung erlangen. Sie würden zwar im Anfang ziemlich unanstößig auftreten, bald aber würde sich zeigen, wie einfältig diejenigen sind, welche den Klagen der Centriker glauben, daß man diese frommen Leute hindere, die nichts wollen, als beten. Wohl werden sie Gebete sprechen, manche unter ihnen auch wirklich beten; es wird auch übrigens manches Gute an ihnen und durch sie geschehen; ich zweifle nicht, daß nach wie vor z. B. unterrichtete und beredte Männer unter ihnen sein werden. Indeß das Gute wird für die römische Kirche sein, das Schlechte aber wird dadurch nicht aufgewogen und wird gegen die evangelische Kirche und das evangelische Kaiserthum gerichtet sein. Denn alle diese Klöster werden mindestens eben so sehr gegen die evangelische, wie für die römische Kirche gegründet. Bald werden sie mit wenig Verdienst und viel Geschick sich Reichthümer sammeln; die öffentlichen Prozesse, z. B. in Belgien und noch vielmehr der geheime Kummer enterbter Familien geben schon jetzt Zeugniß davon. Noch immer sind sie Burgen des Fanatismus, die Beförderer des rohesten Aberglaubens und des Unfriedens. Die Patrone der Jesuiten mögen verzeihen, wenn ich Zweifel setze in die Versicherung, daß diese sich ihrer sittlichen und politischen Doctrinen enthalten und eine Jugend erziehen würden, welche sittlich fest gegründet, männlich frei, wahrhaftig und vaterlandsliebend ist. Es ist ja alte jesuitische Tradition und im berühmten Langrandeschen Prozeß neu bestätigt, was la Housse, der Beichtvater dieser Familie, lehrte: das Gewissen sei nicht zum Gehorsam gegen irgend ein Strafgesetz verpflichtet, und erlaube, so viel wie möglich bei Seite zu schaffen. Was man ferner jetzt in römisch gesinnten Zeitungen, in Reden, im Beichtstuhl an Feindseligkeit gegen den Staat und die evangelische Kirche aussäet, würde wuchern, sobald erst die frommen Brüder und

Väter der Pflege warten. Mit diesen Instituten soll man um des Friedens und der Sittlichkeit willen unser protestantisches und katholisches Volk verschonen. Wären die Maigesetze nicht gegeben, so würden ähnliche dennoch einst zur Schutzwehr des Staates gegen den Papst, seine Armee und seine Festungen in unserem Lande nöthig geworden sein, und wenn man sie heute aufhöbe, so würde man sie erneuen müssen, ehe viele Jahre vergehen. Die Dinge stehen in dieser Hinsicht so, daß selbst eine völlige Trennung von Staat und Kirche ihn nicht von der Nothwendigkeit befreien würde, schützende Schranken zu ziehen.

Diejenigen, welche des Kampfes müde sind, weil sie die Bedeutung der Gegensätze verkennen, und diejenigen, welche beide Kirchen achten und treu zum Reiche stehen, mögen sich an den Gedanken gewöhnen, daß sie das Ende dieses Kampfes nicht erleben werden. Einen Waffenstillstand werden wir vielleicht zu Wege bringen, und am sichersten dann, wenn wir gegen Rom fest bleiben.

Schon steigt am römischen Horizont die Zwietracht in neuer Gestalt auf. Leo hat vor etwas mehr als einem Jahr eine Schrift ausgehen lassen: **Das letzte Wort des Papstes über die römische Frage.** Sie ist beachtenswerth, weil er sich darin als Pius redivivus zeigt. Der langen Rede kurzer Sinn ist dieser. Das Papstthum sei von Gott gestiftet, denn Christus spreche: Mein Reich ist nicht von dieser Welt. Zum Wohl der Menschheit gehöre, daß der Papst souverain und unabhängig sei. Das sei er nicht, er sei vielmehr Gefangener im Vatican. Solle er jene Privilegien besitzen, so müsse er mindestens sein Land wieder haben; daher seien die politischen Mächte verpflichtet, das italienische Reich umzuwerfen und dem Papst wiederum zum Besitze zu verhelfen.

Diese Forderung richteten die Bischöfe schon in Versailles an den Kaiser; das Centrum erhob sie im ersten Reichstag von neuem; und Herr Windthorst folgte der Mahnung des Papstes auf der Katholikenversammlung zu Frankfurt im Herbst vorigen Jahres. Es ist eine neue Falle, in welche das deutsche Reich gelockt werden soll.

Dr. Reinkens, einer der würdigsten und gelehrtesten Bischöfe Deutschlands, erzählt in einer lesenswerthen Schrift *), Windthorst habe geäußert, als Führer des Centrums befolge er nur den Katechismus, welchen er von den Bischöfen gelernt habe, (was ebenso viel sei, als wenn er ihn vom Papste gelernt habe).

Der bescheidene Staatsmann möge mir gestatten, auch aus meinem Papstkatechismus einige Bruchstücke vorzutragen.

Frage: Wer ist der Petrus, auf den Christus die Kirche gründete, und welchen die Reformation verkündigte?

Antwort: Petrus, welcher Christum als Sohn Gottes erkannte; welcher erklärte, Silber und Gold habe er nicht, aber er rede im Namen des Herrn; welcher in seinem ersten Briefe Glauben an Christus und Leben in ihm ohne jüdische Satzungen, rein und in wundervoller Erhabenheit verkündigte, und zum Gehorsam gegen den Kaiser ermahnte.

Welcher ist der Petrus des Papstes?

Der erlogene Petrus, welcher Bischof von Rom genannt wird. Denn der wirkliche ist niemals Bischof von Rom gewesen. Der Petrus, welcher Christum bereden wollte, nicht das Kreuz, sondern weltliche Herrschaft zu wählen. Der Petrus, welchem Christus nicht einmal, sondern wegen seines Wankelmuthes dreimal sagen mußte: Weide meine Lämmer. Der Petrus, welchen Paulus strafte, weil er zurückfiel in jüdische Satzungen. Der Petrus, zu welchem Christus sprach: Hebe dich weg von mir Satan!

Wenn Christus spricht: Mein Reich ist nicht von dieser Welt, wie darf sein Statthalter den Kirchenstaat verlangen? — Weil der Papst die Worte in dem Sinne deutet: Diese Welt ist mein Reich.

Wie kommt es, daß die römische Kirche die staatliche Form einer äußerlichen Anstalt annahm und sich mit der Hierarchie identificirte? — Weil sie vergaß, daß die Kirche ist, wo der Geist Gottes ist, und der römische Bischof in seinen Herrschergelüsten immer weiter schritt.

Hat daher Herr von Schorlemer Recht, wenn er sagt: Die verrückteste von allen Verstaatlichungen ist die einer Kirche? —

---

*) Ursprung, Wesen und Ziel des Altkatholicismus. 1882.

Allerdings gilt dies von der römischen Kirche; nur hätte er besser gesagt: die verderblichste.

In wie fern ist Herr von Schorlemer das Gegentheil von Bileam? — Weil er die römische Kirche zu segnen gedachte, und eine Schmähung über sie ausspricht.

Ich kann mir Verwickelungen der auswärtigen Politik vorstellen, unter welchen es für die Regierung eines Staates, gleichviel, welcher Konfession seine Bevölkerung angehöre, vortheilhaft ist, dem Papst in der von ihm geforderten Richtung einen Dienst zu erweisen. Solche Umstände liegen außerhalb unseres jetzigen Gesichtskreises. Nur dagegen erkläre ich mich, daß es eine Verpflichtung unserer Regierung sein soll, dem Papste wiederum Land und Leute zu verschaffen, weil unsere katholischen Mitbürger eines Papstes bedürfen, welcher Macht genug habe, sich selbst zu schützen und seine Unabhängigkeit zu behaupten. Allein die Regierung hat mindestens eben so starke Verpflichtung, die Ueberzeugung protestantischer Mitbürger zu berücksichtigen und diese mögen dem Pater Pecci, welcher vielleicht kein übler Mann ist, alles Gute wünschen; sie werden aber mit Ausnahme einiger Sonderlinge gar keine Neigung fühlen, den Papst Leo, den Erbfeind ihres Glaubens, zu kräftigen. Wie war denn das? Als während der Vorbereitungen zum vaticanischen Concil die Frage erörtert wurde, ob nicht, wie auf dem Concil zu Constanz, Gesandte der weltlichen Mächte zugelassen werden sollten, wurde es aus dem Grunde abgelehnt, weil die Staaten, welche konstitutionell und gegen die Konfessionen indifferent seien, nicht mehr die Rechte katholischer Staaten besäßen. Eben so äußert sich der englische Kardinal Manning in einer kürzlich ins Deutsche übertragenen Schrift. Nun wohl. Das deutsche Reich hat dann gewiß keine Rechte, aber auch ebenso wenig Pflichten. Sollten wir dem zu einem Königthum verhelfen, welcher unserem Kaiserthum mit lauernder Feindschaft gegenüber steht? Es wird überhaupt kaum noch einen im älteren Sinne katholischen Staat geben, es müßte denn die Republik Ecuador in Südamerika sein, welche sich, durch die Jesuiten geleitet, Pius zu gänzlicher Verfügung anheim gegeben hat. Möge sich also der Papst an Ecuador wenden.

Die Fiction, daß der Papst Gefangener sei, wird wiederum in Gang gebracht. Vielleicht wird man nächstens Reliquien vom Strohlager des armen Leo verkaufen, wie man früher sie von dem des armen Pius verkaufte. Bis jetzt begnügt sich der Papst, den Scheinbeweis aus Pöbeltumulten zu führen, gegen welche das schwächliche demokratische Ministerium nicht einschritt, ihm einen Vorwand überlassend. Von dieser Seite her wirft man freilich den Päpstlichen die Veranstaltung einer Provocation vor; wir lassen das mit dem elenden Lügengewebe der ganzen Fabel von der Gefangenschaft auf sich beruhen.

Einen wirksamen Schutz würde ihm aber auch Rom und der Kirchenstaat nicht gewähren. Die Päpste haben im Mittelalter sehr häufig die widerspenstigen Römer nicht bändigen können. Nur zu oft mußten sie vor ihnen fliehen, wie es auch Pius IX. gemußt hat. Die päpstliche Armee war stets die schlechteste von allen, und hat niemals fremde Mächte abhalten können, in den Kirchenstaat einzudringen.

Wäre dem Papst Land und Geld und äußerer Pomp von geringerem Werth, als er sie schätzt, so würde er in dem Verlust der Territorialherrschaft den Vortheil einer geistigeren Beschaffenheit seiner Würde erblicken. Ist er doch wirklich jetzt weniger angreifbar, als zur Zeit, wo ihm seine Feinde durch Wegnahme seiner Provinzen Verdruß machen konnten. Indeß, er achtet es für vortheilhafter, auf die gefühlvolle Theilnahme seiner Verehrer zu wirken, und die Völker zu einem Kreuzzuge für seine Befreiung aus der Gefangenschaft aufzurufen.

Zugleich läßt er durchblicken, daß er nicht abgeneigt sei, die Krone des Königreichs Italien mit der päpstlichen zu vereinigen. Auf diese Weise würde das im Volke lebendige Bedürfniß nationaler Einheit und seine eigenen Wünsche nach Besitz befriedigt, welche immer größer werden, je weniger er zu eigen hat. Er schmeichelt zu dem Zweck seinen Landsleuten, und empfiehlt mit Nachweisungen, welche dem Historiker ein Lächeln abnöthigen, die Vortrefflichkeit der ehemaligen päpstlichen Landesverwaltung. Ich weiß nicht, ob viele Italiener sich überzeugen lassen werden; diejenigen wohl schwerlich, welche eigene Erinnerungen an die päpstliche Regierung haben. Es ist doch eine göttliche Nemesis in dem Verlust des Kirchenstaates nicht zu verkennen. Denn wiewohl kein weltlicher Staat bei seinem Entstehen oder Fortgang frei von Vergehungen gegen das göttliche Gesetz geblieben ist, so ist doch seit den Zeiten des Römerreiches kein christlicher Staat zu finden, welcher mit so viel Räubereien, Betrug und frevelhafter Anwendung der Religion, als Mittel für diesen Zweck, zusammengebracht wäre, wie dieses mäßige Territorium. Wurde doch noch der letzte größere Zuwachs durch Cäsar Borgia erworben, welcher eines der Kinder des Papstes Alexander VI. war, eines verruchten Vaters eben so verruchter Sohn, Menschen, welchen der Mord ein Spiel und das Verbrechen eine Lust war. Sein Erbe war der liederliche, blutige Julius II. Die Päpste unseres Jahrhunderts sind persönlich weit achtungswerther. Pius IX. war nachsichtig gegen seine unsittliche Umgebung, in religiöser wie sittlicher Beziehung ein oberflächlicher Mensch, aber doch von unanstößigem Lebenswandel. Seine Staatsverwaltung aber litt an den eingerosteten Schäden. Denn die Päpste und der römische Katholicismus haben nie dazu gethan, sittlichen Ernst, Ehrlichkeit, Gewissenhaftigkeit, Treue in der dortigen Bevölkerung zu pflegen, und wenn es auch hie und da einer gewollt hätte, so hätte das Beispiel der Kurie und des Klerus die gute Absicht vereitelt, wie Hadrian VI. das erfuhr. Die Päpste hatten also keine besseren Leute, als sie selbst erzogen hatten, daher der ganze Kirchenstaat von einer unvergleichlichen Korruption der Sitten durchdrungen war. Der preußische Abgesandte Graf Brühl, welcher 1840 nach Rom geschickt wurde, ein streng katholischer Mann, schrieb zurück: „Es ist wahrhaft betrübend zu sehen, unter welchem schmutzigen Einfluß sich das sichtbare Oberhaupt der katholischen Kirche befindet. — Die hiesigen Zustände sind in wahrhafter Fäulnißgährung, die Jesuiten haben die Finger in allem, und wer noch zweifeln kann, daß ihnen alle Mittel genehm seien, der braucht nur hierher zu kommen. Die hiesige Wirthschaft ist skandalös."*) Unter Pius Regierung blieben die Zustände dieselben. Nur darauf bedacht, seine Träume von päpstlicher Allgewalt über die Kirche zu

---

*) Nach Akten des auswärtigen Amtes, Friedberg a. a. O. S. 39 f.

verwirklichen, argwöhnisch gegen die Kultur der modernen Staaten, deren revolutionäre Auswirkungen er übel empfinden mußte, ließ er die Sittlichkeit des Volkes, die Schulen, die Gewerbe, den Handel ohne Pflege und verschwendete die Einkünfte, welche er dafür hätte anwenden sollen, an das zusammengeraffte Gesindel, welches er seine Armee nannte. Das Volk, namentlich die faulen, dumpfen, brüten=
den Römer, hatte kein anderes Streben, als ohne Mühe Geld zu gewinnen, und der Papst kam dem entgegen durch die von Geist=
lichen verwaltete Lotterie, welche eine viel größere Bedeutung hatte, als in anderen Staaten, da sie immerfort spielte, und ihre wohl=
feilen Loose in fast jedem Kramladen zu kaufen waren. Welchen Grad der Betrug und die Dieberei in der Finanzverwaltung er=
reichte, das mag man aus dem erkennen, was Brosch in seiner Geschichte des Kirchenstaates über den Kardinal Antonelli und seine Familie berichtet. Die Steuerverwaltung schien nur vor=
handen zu sein, um fürstliche Bankiers zu bereichern. Die Fahr=
lässigkeit, Willkür und Grausamkeit in der Rechtspflege spottete jeder Beschreibung. Es gehörte zu den Kleinigkeiten, daß ein armer Mann, wegen eines ganz geringen Vergehens gegen einen anderen, im Gefängniß gehalten wurde, mehrere Wochen lang, bis der Be=
theiligte seine Entlassung erlaubte. Namentlich nach der Rückkehr des Pius aus seinem Exil arbeiteten seine Gerichte mit frevel=
hafter Erbitterung gegen alle, welche auch nur des Antheils an der Revolution verdächtig schienen. Brosch berichtet: Geständnisse wie Zeugenaussagen wurden nicht allein in Fällen gemeiner Verbrechen, sondern auch bei politischen Untersuchungen durch Stockprügel, Fasten und andere Peinigung erpreßt; Suggestivfragen gehörten zur Regel; gegen Schuldbekenntnisse gab es keine Berufung, kein sonstiges Rechtsmittel. Brosch nennt die Orte, wo Todesurtheile vollstreckt wurden, auch nachdem zwischen Sentenz und Exekution die Unschuld des Verurtheilten sich herausgestellt hatte, oder wenigstens in der Ueberzeugung einer ganzen Stadtbevölkerung auf das Be=
stimmteste feststand. So streng die Justiz des österreichischen Militärs war, mußten doch unbarmherzige Priester von kaiserlichen Officieren zur Menschlichkeit gemahnt werden. Natürlich stand auch die Post mit der Polizei in engster Verbindung. Es war rathsam, alle

Korrespondenzen so einzurichten, daß sie ohne Nachtheil von der Polizei gelesen werden durften. Auch die Fremden in Rom hatten ihre Unbequemlichkeit davon. Einer derselben, ein ganz unbetheiligter Mann, versicherte, daß ziemlich jeder Brief geöffnet werde, ehe er ihn empfange. Häufig gebe man sich nicht einmal die Mühe, die Briefe wieder zu schließen. — Lord Clarendon bezeichnete die Regierung des Papstes als eine Schmach für Europa; und der französische Gesandte berichtete, er halte sie für die schlechteste in Europa, mit Ausnahme der türkischen. Ich muß diese dagegen in Schutz nehmen, denn sie war damals weit toleranter, gestattete den Christen ihren Gottesdienst und hob das Gesetz gegen die Uebertritte zum Christenthum auf, während das päpstliche jeden Unterthan, der Protestant wurde, mit harter und entehrender Strafe bedrohte. Von diesen Zuständen des goldenen Zeitalters unter dem päpstlichen Regiment schweigt „das letzte Wort" Leo's.

IV.

Aber uns evangelischen Christen hat er manches zu sagen. Das ist sein Kummer, daß die italienische Regierung den Protestanten gestattet habe, Kirchen und Schulen in Rom zu gründen. Wenn die Freiheit der Konfessionen wirkliche Absicht der Centrumspartei ist, warum haben denn ihre Redner nie ein Wort gefunden gegen die despotische Intoleranz, welche stets in Rom geherrscht hat, welche Pius durch österreichische Vermittelung auch gegen die Protestanten in Oesterreich und Deutschland wirksam zu machen suchte?*) Leo hält die Protestanten für nicht besser als die Atheisten, für die Bringer der Revolution. Er erklärt auch in einer Encyclica schon im Jahre 1881: die Reformation sei die Quelle der Revolutionen und ungläubigen Philosophie, des Kommunismus, Socialismus und Nihilismus.

---

*) Note des kaiserlichen Bevollmächtigten Erzb. Rauscher an den Nuntius Viale Prela vom 6. August 1855 über die geheimen Artikel des österreichischen Concordates.

Die Beschuldigung, die Reformation sei Revolution und Mutter der Revolutionen, müssen die Kirchen der Reformation oft von katholischer Seite vernehmen. Ich verweile deshalb ein wenig dabei. Man bildet den Begriff der Revolution nach dem Beispiel der französischen des achtzehnten Jahrhunderts, und versteht darunter Empörung gegen die berechtigten Obrigkeiten, Zerreißung der geschichtlichen Zusammenhänge, Umsturz des Bestehenden und gewaltsame Gestaltung nach neuen Principien. Die französische Revolution, auch die englische unter Cromwell, betrafen zunächst die Verfassung, stürzten auf politischem Gebiet die Monarchie um und richteten die Republik ein, welche zuvor keine Stelle in diesen Ländern hatte. Etwas anderes verstehen wir unter Reformation. Sie ist die Rückkehr aus den entstellten Formen und Zuständen der Kirche zu dem Ursprünglichen, zu den reinen Principien des christlichen Glaubens und Lebens unter Anknüpfung an den Proceß geschichtlicher Entwicklung. Ich will nach Lessings Beispiel im Bilde sagen, was ich meine. Wenn ein Gebäude von einfach edlen Formen, zum Dienste Gottes bestimmt für die ganze Gemeinde, allmälig durch diejenigen, welche die Diener des Hauses sind, so verbaut und verklext wird, daß der ursprüngliche Styl verdeckt ist; wenn die Dienerschaft im Innern so viel Platz in Anspruch nimmt, den Raum mit so viel Schnörkeln und Nebendingen beschränkt, daß die Gemeinde fast keinen Platz mehr findet; wenn man die Fenster verdunkelt, daß ihr das Licht fehlt, und sie auch die unsauberen Dinge, die sich im Raume angesammelt haben, nicht zu unterscheiden vermag; — wenn dann eine kundige Hand die Entstellungen, Verdunkelungen, Verunreinigungen beseitigt, so daß die ursprünglichen Formen wieder hervortreten und ihre Zwecke erfüllt werden, das ist Reformation und keine Revolution. Sonst müßte man es auch eine Revolution nennen, wenn der Kölner Dom von den Verunstaltungen gesäubert wurde, welche man seinen älteren Theilen angethan hatte. Die Reformation bewahrte einerseits die richtigen Entwicklungen der alten und der mittelalterlichen Kirche, andrerseits setzte sie ein in die herangereifte Ueberzeugung, daß viele römisch katholische Umformungen des Ursprünglichen unhaltbar seien, und entfaltete die Keime des Neuen, welches zugleich mit dem Ursprünglichen übereinstimmte. Die Reformation ist nicht gleichbedeutend mit Subjectivismus, sondern sie hat den Christen viel gründlicher, tiefer und daher vollständiger gebunden, als das Gesetz der römischen Kirche es vermag, weil sie ihn durch Christus und die heilige Schrift band, und durch die innerlichste Hingebung an beide, worin der Glaube besteht. Jene Normen sind die rechte göttliche Objectivität, welche zugleich der christlichen Persönlichkeit den Grad der Freiheit verlieh, welcher ihr gebührt. Die Reformation verwarf die römischen Traditionen, sofern sie dieser Norm widersprechen, denn solche sind nur ein versteinerter Subjectivismus.

Auch das Gewaltsame, was Revolutionen anhaftet, ist der Reformation, soweit es vorhanden ist, aufgedrungen von der Gegenseite, da Papst und Bischöfe, Kaiser und weltliche Stände sich der allgemein hervorbrechenden Ueberzeugung widersetzten, das Volk in seiner heiligsten Sache verließen, Gewaltthätigkeiten und Hinrichtungen vornahmen. Sie auch sind es gewesen, welche durch ihr erstes Offensivbündniß die Spaltung Deutschlands bewirkten, die wir alle mit Herrn Windthorst beklagen.

Wenn Luther den Adel deutscher Nation aufgerufen hat, so hatte ja der hohe und niedere Adel thatsächlich ein obrigkeitliches Verhältniß zu seinen Untergebenen; das behält Luther in seiner großartigen Schrift an den Adel stets im Auge; daher faßt er ihn mit dem Kaiser zusammen und wendet sich vor allem an diesen. Und dennoch hätte er die weltliche Obrigkeit nicht für sein kirchliches Werk in Anspruch genommen, wenn die Bischöfe ihre Pflicht gethan hätten. Die nach ihm genannte Kirche aber hat keine revolutionären Antriebe in sich genährt, eher die grade entgegengesetzten.

Der Papst Leo behauptet in einem Rundschreiben i. J. 1878, daß die Lehre von der Volkssouveränität aus der Reformation stamme. Dies ist ein vollständiger Irrthum. Ihre Grundlehren kommen vielmehr von dem römischen Recht herüber, welches die Vorstellung überlieferte, daß das Volk das eigentliche Subject staatlicher Befugnisse sei, diese aber dem Kaiser übertragen habe. Mit dem Begriff der Uebertragung verbunden, auch auf die Kirche angewendet, tragen Scholastiker des 14. Jahrhunderts, wie Johann von Paris, Occam und andere diese Auffassung vor; sie thun es, um das Recht des Kaisers zu steigern; die Jesuiten dann machten die Volkssouveränität, welche sie angelegentlich erörterten, zu einem Argument gegen die kaiserliche und königliche Macht. Auf diesen Ausgangspunkt ist auch zuletzt Rousseau's contrat social zurückzuführen. Die französische Revolution von 1789 ist daher einmal ein Produkt politischer Ideen, welche auf mittelalterliche Grundlagen zurückleiten, und ferner der Heuchelei und Unsittlichkeit, welche in der katholischen Kirche verbreitet waren.

Die Revolutionen des Mittelalters haben sehr verschiedenartige Ursprünge. Der unvorsichtigen Dreistigkeit des Papstes gegenüber will ich nun zeigen, daß die Reihe derselben vornehmlich an die Geschichte der Päpste geknüpft ist, und sie die stetigsten Beweger der politischen Empörungen sind.

Wer war der erste Steuerverweigerer des Mittelalters? Gregor II. war es, welcher dem Kaiser Leo wegen des Streites über die Bilder die Steuern seines Bereiches abwendig machte. Wer hat die Empörung Pipins gegen die Frankenkönige sanctionirt, und wer hat gemeinsam mit ihm sich der kaiserlichen Provinzen bemächtigt? Die Päpste Zacharias und Stephan. Wer hat die Empörung der Söhne Ludwigs des Frommen geschürt und durch seine persönliche Theilnahme besiegelt? Gregor IV. In Johann VIII. Verwaltung sind die letzten fünf Jahre bis 880 eine Kette von Verschwörungen gegen die Berechtigten; zuerst mit Karl dem Kahlen, dessen Usurpirung der Kaiserkrone er unterstützt; dann mit Boso, den er adoptiren will, um den Länderraub gegen Karl, den Sohn Ludwigs des Deutschen, zu ermöglichen. Dann wieder eine verrätherische Verbindung mit Karl, zur Beseitigung von Boso. Die fortwährenden römischen Revolutionen im 10. Jahrhundert, zur Zeit, da die berüchtigten Weiber über das Papstthum verfügten, und im 11. Jahrhundert, da die schmählichen Zustände fortdauerten, bis Heinrich III. Ordnung in das dreiköpfige Papstthum brachte, diese eklen Vorgänge will ich Anstands halber nicht weiter erörtern. Ferner aber war es nichts als eine Empörung gegen kaiserliches Recht, daß Gregor VII. als Kardinal und als Papst, erst auf Schleichwegen, dann mit offener Rücksichtslosigkeit, die kaiserlichen Rechte bei der

Papstwahl beseitigte. Wie er dann fortwährend den Empörungen im Reiche nachhalf oder sie führte, und durch seine politische Treulosigkeit selbst seine Anhänger irre machte, ist hinlänglich bekannt. Die Unterstützung der ruchlosen Söhne Heinrichs IV., zuerst Conrads durch Urban II., dann Heinrichs V. durch Paschalis II., gehört zu den schmutzigsten Blättern der Papstgeschichte. Die lange Reihe der Aufwiegelungen kaiserlicher Vasallen in Italien vom 12. Jahrhundert ab übergehe ich, und gedenke nur der Verbindung Alexanders III. mit den lombardischen Städten zur Empörung gegen den Kaiser. Ebenso im 13. des Verrathes, welchen der Papst mit Karl von Anjou spann, um diesem die südlichen Hohenstaufischen Erblande auszuliefern. Aber auch die Unterstützung eines Gewaltstreiches in entgegengesetzter Richtung soll nicht unerwähnt bleiben. Innocenz III. nahm den treulosesten aller Despoten, Johann von England, beim Umsturz der magna charta durch das Interdict in Schutz. Aber damals gab es Bischöfe, welche der unwürdigen Politik des Papstes widerstanden. Es war charakteristisch für die Methode, nach welcher Innocenz IV. Seelsorge betrieb, daß er erklärte, er werde den Kaiser Friedrich II. nur für eine Zahlung von 400 000 Mark vom Banne befreien, soviel nämlich hatten ihm ungefähr die Bestechungen gekostet, womit er Abfall und Aufruhr in Deutschland und Italien bis in die Armee des Kaisers hinein bewirkt hatte. Ich will die Reihe solcher schnöden Unsittlichkeiten nicht verlängern. Wer die Geschichte der Päpste verfolgt, wird finden, daß sie bis auf die Gegenwart die Nährväter der Empörungen gewesen sind. Die fluchwürdigste Revolution, welche jemals stattgefunden, die polnische vom Jahre 1863, in welcher eine Bande von Mordgesellen die Werke der heutigen Nihilisten vollbrachte, empfing von Pius IX. ihre Bestätigung und den Ausdruck seiner Sympathien. Antonelli mußte sich gegen die anderen Mächte damit vertheidigen, daß der Papst gesprochen habe, ohne ihn zuzuziehen. Auch wir werden hoffentlich Pius Wort vom Steinchen, das ins Rollen gekommen sei und den Koloß zerschmettern werde, nicht vergessen. Die Politiker des Centrums, welche in einem preußischen Landtage es wagen zu erklären, daß sie nimmermehr ein protestantisches Kaiserthum anerkennen, und daß bereits die Wurzeln der Dynastie benagt werden, sie erhalten unsere Erinnerung daran wach.

\ Dies alles und noch vieles andere hat Leo vergessen, indem er gegen die von den inneren Krämpfen des Socialismus erschöpften Nationen die Arme ausbreitet, und sich als den Bringer des Friedens ihnen anbietet. Ich bin überzeugt, daß mancher wackere katholische Pfarrer den socialistischen Verführungen in seiner Gemeinde erfolgreich entgegenwirkt, allein die Versicherung des Papstes, den Schaden heilen zu können, ist eitel Charlatanerie, wenn nicht Schlimmeres. Hat er und sein Klerus das katholischste aller Völker, die Irländer von den Blutthaten, die wir seit Jahren erleben, nicht abhalten können oder nicht abhalten wollen? Nein, diese Zustände sind vielmehr größtentheils Folge der völligen sittlichen Verwahrlosung, in welcher der Klerus, zufrieden mit äußerlichster Kirchlichkeit, das Volk dahinleben läßt. Hat die katholische Kirche in Frankreich den Kommunismus in Paris, Lyon, Marseille und so vielen anderen Orten, von wo die Zeitungen Kunde bringen, gehindert? Wo ist die socialistische Revolution bestialischer aufgetreten, als in dem ganz katholischen Spanien? Und schon bereitet sie sich dort zum zweiten Male. Mag der Papst doch an diesen Orten seine Künste zeigen, dann wollen wir ihn glauben. Es ist auch ganz unbegründet, wessen sich die Redner im Centrum rühmen, daß der Socialismus auf Süddeutschland geringeren Einfluß habe, weil der Katholicismus ihn abhalte. Die Ursach davon liegt weit weniger im Protestantismus oder Katholicismus, als in der Anhäufung der Arbeiter und des Proletariats durch Fabriken. Wo diese fehlen, ist die Verführung durch den Socialismus gering; wo die gleichen Bedingungen sind, wie in Norddeutschland, z. B. in Wien, fehlen auch nicht die gleichen Erfolge.

V.

Wenn die äußere Einheit der Kirche ihre werthvollste Eigenschaft wäre, so müßte man zugestehen, daß die römisch katholische Kirche durch den gegenwärtigen Kampf, und überhaupt seit der

Regierung Pius IX., großen Gewinn gehabt habe. Die Stimmen, welche sich am lautesten in Wort und Schrift vernehmen lassen, versichern es unablässig, und machen es andere glauben, auch unter den Protestanten. Wirklich ist unter dem hartnäckigen Widerstande das Bewußtsein der Zusammengehörigkeit unter einander und zu Rom in hohem Grade erstarkt; das Märtyrerthum der Kleriker brachte Ehre ein und war doch sehr erträglich. Wie mancher Kaplan sehnte sich nach einer kurzen, nicht gerade unbehaglichen Gefangenschaft, um das Lob eines Konfessors zu empfangen. Die Bischöfe reisten einige Meilen weit über die Grenze und stellten sich dann, wie Martin von Paderborn, mit gehobenem Bewußtsein neben die Diocletianischen Märtyrer. Die Gemeinden brachten zum Theil Opfer; andere, welche gar nicht berührt wurden, mußten doch durch die steten Reden im Centrum, durch Priester, Volksredner und Zeitungen, zu der Ueberzeugung geführt werden, der Kirche drohe schwere Gefahr, das Volk solle protestantisch gemacht werden, überall aber zeige sich passiver und siegreicher Widerstand, und man dürfe stolz sein auf die große Zahl der neuen Märtyrer.

Allein den edleren Katholiken, für welche Wahrheit und lebendige Frömmigkeit eine Bedeutung haben, stellt sich ein anderes Bild dar. Ich glaube nicht, daß die katholische Kirche jemals in dem Zeitraum eines Vierteljahrhunderts so rasch in der Richtung zu den Aeußerlichkeiten fortgeschritten ist, wie in den letzten fünf und zwanzig Jahren. Der katholische Satz, daß man Mitglied der Kirche sei, nicht durch den Glauben, sondern durch die Theilnahme an den Sacramenten, ist an sich schon geeignet, die Bedeutung des Glaubens zurückzudrängen. In dieser Zeit aber werden die religiösen Akte, besonders diejenigen, welche mit den katholischen Sacramenten der Buße und des Abendmahles in Verbindung stehen, in höchst äußerlicher und daher mechanischer Weise als Mittel zur Erlangung göttlicher Gnade behandelt. Welch' innigeres, zarteres, persönlicheres Band giebt es zwischen Gott und dem Christen, als das Gebet, welches gleichsam der dauernde Pulsschlag des christlichen Lebens sein soll. Hören wir nun, wie „die katholischen Stimmen in Oesterreich" das Gebet der in der Welt lebenden Leute mißachten,.

um das der Mönche zu empfehlen. „Der Gnade Gottes werden wir hauptsächlich auch durch das Gebet theilhaftig, ohne welches wir in der Regel von Gott nichts erlangen. — Gleichwohl giebt es viele Menschen, welche gar nicht beten, und ebenso viele, welche nur wenig beten wollen oder können. Daraus ergiebt sich die Nothwendigkeit eines eigenen Standes von Gebetsfreunden, welche im Namen der Uebrigen und für sie anhaltend beten und deren Versäumnisse hereinbringen, das sind die Ordensleute. — Zehn Gerechte hätten Sodom gerettet, wie viel Segen mag über ein Land ausgegossen werden, in welchem sich mehrere Klöster befinden." — Hienach hat man also nur für Klöster zu sorgen, und darf der Gnade sicher sein auch ohne eigenes Gebet.

Bekanntlich lehrt die katholische Kirche, daß die Seelen, welche nicht ewig verdammt, sondern für die Seligkeit befähigt sind, bevor sie zu derselben gelangen, in dem Fegfeuer den Rest ihrer Sündenstrafen abbüßen müssen, sofern sie nicht in diesem Leben Heilige gewesen sind. Zur Abkürzung der Qualen dient das Meßopfer und der Priester, welcher es zu Gunsten jemandes darbringt, wird dafür bezahlt. Man kann daher gegen eine entsprechende Summe für sich selbst, auch für andere, Seelenmessen stiften. Frommer Glaube, wie zweideutige Frömmigkeit, haben unermeßliche Summen den Kirchen dafür zugewendet. Da im Opfer das objective Sacrament heilsam wirkt, so hat man sich von der Bedingung christlicher Gesinnung nur zu oft losgemacht, aber Aktienunternehmungen für Seelenmessen sind dem Zeitalter des seligen Pius vorbehalten geblieben. Um 1857 empfahl der Erzbischof von Cambray die Aktien des Pater Kockerol in Dünkirchen, welche sie unter folgenden Subscriptionsbedingungen bekannt machten, deren vortheilhaften Cours niemand bestreiten wird. „Zwei und fünfzig Messen und feierliche Segen werden jährlich auf ewige Zeiten für die Subscribenten, welche $2^{1}/_{2}$ Frcs. bezahlen, celebrirt werden. Die Personen, welche für höhere Summen subscribiren, können an den Messen und Segen so viele lebende oder verstorbene Personen Theil nehmen lassen, als sie Aktien à $2^{1}/_{2}$ Frcs. bezahlen. (Es ist nicht nöthig, daß der Priester deren Namen kenne), es wird genügen, wenn sie diese Personen vor Gott bezeichnen." Die Formel des Antheilscheines lautet:

Name des Subscribenten

Gut für ... (Zahl der Aktien) ... Subscription.

Der Superior des Hauses von Dünkirchen

P. Koderol.

Diese Aktienunternehmung war nicht die erste. Die Trappisten in Forges gründeten 1854 eine solche, an welcher Lebende und arme Seelen im Fegfeuer als Actionäre Theil nehmen dürfen. Von der Aktie à $2^{1}/_{2}$ Frcs. erhält man 50 Jahre lang eine jährliche Dividende von 77 Messen. Noch sinnreicher richtete Kanonikus Henry zu la Marche sein Geschäft ein und durfte dessen blühenden Erfolg den Kunden rühmen. Er gründete ein Kommissionsgeschäft für solche, die Messen auftrugen, wie für Priester, welche sie lesen. Priester, welche deren zu viel haben und andere, welche die Waare suchen, beauftragen ihn. Er hält ein Lager von Seelenmessen und zugleich von Büchern. Die Bücher dienen als Zahlung für die Priester, welche ihm von ihrem Ueberfluß Messen überlassen, und er macht sich nur 25% beim unmittelbaren Austausch von Messen aus. Wie hätte sich die Stadt Martins von Paderborn ein so segensreiches Institut entgehen lassen sollen! Der Domvikar Schröder*) forderte 1878 auf's dringendste auf zum Abonnement auf Broschüren, deren vollständiger Reingewinn dazu benutzt werden solle, Messen von dem durch die Zeitverhältnisse seines Einkommens beraubten Klerus lesen zu lassen. Gleichviel, ob Sünder oder nicht, könne man dadurch das wirksamste Mittel anwenden, um den armen Seelen zu Hülfe zu eilen.

Unter dem Ablaß versteht man in der Regel gegenwärtig die Loskaufung von den Sündenstrafen im diesseitigen Leben oder im Fegfeuer mittelst einer anderen Leistung, und gemeiniglich wird die Sache so gefaßt, daß unter Bedingung der Bußleistung die Vergebung Gottes ertheilt wird, nachdem ihm Genugthuung geboten worden von Seiten der Kirche aus dem reichen Schatze guter Werke, welche Christus, Maria und die Heiligen geleistet haben,

---

*) Reusch, die deutschen Bischöfe und der Aberglaube. S. 26.

und deren genugthuende Kraft anderen zu Gute kommt, da sie selber ihrer nicht bedürfen. Die vollkommenen Ablässe tilgen alle vorhandene Strafen, die unvollkommenen entsprechen den Bußwerken und Strafen einer beschränkten Zeit. Natürlich trachtet man nach den vollkommenen, und ein Papst pflegte den anderen zu überbieten in der Eröffnung neuer Ablaßquellen. Pius IX. hat auch darin alle früheren übertroffen. Er, welcher 26 Heilige an einem Tage creirte, stellte nicht nur eine Anzahl aufgehobener Ablässe wieder her, sondern verlieh bereits 1851 noch weitere 24 vollkommene Ablässe.

Ein evangelischer Christ wird vielleicht meinen, daß ein so kostbares Geschenk ein schweres Opfer koste. Das war auch anfänglich (seit Victor II.) der Fall. Nach und nach schaffte man Erleichterungen, und die von Pius gewährten genügen den mäßigsten Angeboten. Der Ablaß der Portiunculakirche bei Assisi wurde früher für einen Besuch und reumüthiges Gebet in dieser Kirche am 2. August ertheilt. Dann erhielten alle Franziscanerkirchen, endlich alle Kirchen, im Fall jene fehlen, dies Privilegium. Unter Pius ward bestimmt, daß man an demselben Tage mehreremal die betreffende Kirche, und jedesmal mit Erlangung vollkommenen Ablasses besuchen könne. Die allgemeinen Bedingungen, welche auch hier hinzutreten müssen, sind Beichte, Communionen und Gebet, welches sich auf den heiligen Vater richtet. Fünf Vaterunser und Ave Maria genügen.*) Dieses Beten in der Intention des Papstes, sucht Leo in stärkeren Schwung zu bringen und eine Art des Papstkultus damit zu fördern. Wer am 4. October 1882 das Grab des Franziscus in Assisi, oder wer eine deutsche Franziscanerkirche besuchte und in jenem Sinne betete, beichtete, communicirte, empfing vollkommenen Ablaß; wer nur betete nach der Intention des Papstes, empfing 7 Jahre desselben.

Die Kirche ertheilt die Genugthuungen aus ihrem Schatz freigebig, aber doch mit genauer Buchführung. Eine Autorität dieser heiligen Arithmetik, P. Ulrich,**) macht darauf aufmerk-

---

*) Reusch, S. 14. 18.
**) Reusch, S. 23.

sam, daß man mit haushälterischem Verfahren viele Seelen schneller zur Seligkeit befördern könne. Wenn man einen vollkommenen Ablaß für sich habe, so reiche das hin; gewinne man nun mehrere vollkommene und unvollkommene zugleich, so thue man wohl, die Absicht auf andere arme Seelen zu richten, denn sonst bleibe dieser ganze Ueberschuß ohne Bestimmung und falle in den allgemeinen Kirchenschatz zurück. Aus Unkenntniß dieses wichtigen Punktes gehen viele Ablässe verloren. Da man nun aber niemals sicher sein kann, für wen und wieviel die Zuwendungen im Fegfeuer nützen, so ist das Gerathenste, alles was man über die eigenen Bedürfnisse hinaus mit Messestiften und Ablässen erwirbt, der Maria zur Disposition zu überlassen. Und da diese regelmäßig am Sonnabend in das Fegefeuer hinabsteigt,*) um die Seelen derjenigen zu befreien, welche wegen Tragung des Scapuliers der Carmeliter die reichlichen Verdienste dieses frommen Ordens sich anrechnen dürfen, so kann sie ja alles aus nächster Nähe in Augenschein nehmen.

So wird also das Gebet und mit ihm der Nerv des Lebens in Gott durchgeschnitten, und der innerlich verödete Mensch erlangt seine Seligkeit durch das Institut der Klöster. Das Schuldbewußtsein wird unterdrückt, die Gnade zur Karrikatur, zur Dividende einer Aktiengesellschaft. Was jemals zur Abstumpfung sittlicher Verantwortlichkeit durch die Ablaßtheorie geleistet ist, tritt hier mit ungeschminkter Frechheit auf. Und das alles wird in einer Fluth von tausend und aber tausend autorisirten Büchern gelehrt, angepriesen und durch Erdichtungen, voll von wüstem Aberglauben, bestätigt.

Diese Dinge sind es, Ihr Redner des Centrums, welche tief in das Leben der katholischen Kirche eingreifen, denn sie löschen das Licht des Evangeliums aus und stoßen den Menschen vom Wege des Lebens in heidnischen Irrthum. Nicht die Anzeigepflicht verdirbt die Geistlichen, Herr von Schorlemer, sondern diese Entweihung des Heiligen, und wenn Sie knirschen wollen, so mögen Sie es hier thun. Diese frivole Gemeinheit, die Gott und

---

*) Reusch, S. 35.

den Mammon zusammenwirft, sie nagt an den Wurzeln der Frömmigkeit und Sitte unseres Volkes, Herr von Heeremann. Kein Tezel hat jemals schandbarer das Evangelium mißhandelt. Euch wäre nöthig, Luther zu Hülfe zu rufen, und Eure Germania und Euer Janssen lästern ihn, weil er zuweilen in den Schmutz tritt, der ihn umgiebt, während Ihr Eure Kirche in Schmutz versinken lasset.

Doch wer kann da helfen, wo der Papst Leo selbst das Verwerflichste ausspricht, da er den Ablaß zur Vergebung der Sünden (in remissionem peccatorum) verkündigt, und das, wofür Christus sein Blut vergossen, um schnödes Geld käuflich macht! Oder sollen etwa hier die Sünden so viel bedeuten, wie die Strafen? Hat er verlernt, sich in den wichtigsten Dingen richtig auszudrücken, seitdem er unfehlbar ist?

VI.

Wenn diesen Papst nichts anderes unsterblich macht, so wird er der Kirche dadurch unvergeßlich bleiben, daß er Joseph Labre unter die Heiligen versetzt hat. Im allgemeinen ist der Mensch nach dem, was er liebt, zu beurtheilen; was soll man nun von Leo glauben, welcher in diesem Manne das Ideal seiner Frömmigkeit gefunden hat? Die Kanonisation hat ohne Zweifel die politische Absicht, die Franzosen dem Papste durch eine Ehrenbezeugung zu verpflichten, und es war dabei auf die Masse des niederen Volkes Bedacht genommen. Aber gab es denn unter den vielen Millionen Franzosen keinen besseren, als diesen Faulenzer, welcher seit seinem fünfzehnten Jahre in drei Klöster eintritt, in keiner klösterlichen Ordnung zu dauern vermag, gegen zwanzig Jahre an den römischen Kirchen lagert, und lieber gleich dem Vieh sich von Träbern nährt, was die Bibel doch nur von dem verlorenen Sohne zu erzählen weiß, als daß er sich zur Arbeit bequemt? Was war es, was ihn zur Würde eines Heiligen berechtigte? Männer und Weiber, welche ihr Leben an den Portalen der Kirchen zubringen und es theilen zwischen Lungern, Betteln,

Andachtsübungen und Schlaf, fehlen nicht, und eine angebliche Heilung von einem angeblichen Magenkrebs oder ähnliches, läßt sich ohne Mühe bewerkstelligen. Was Labre von den gewöhnlichen Kirchenlagerern unterschied, war daher nur der besondere Grad von Ascetik. Sie bestand in einem zwar nicht unerhörten, aber doch selten erreichten Maße von Schmutz und Ungeziefer, für welches der Heilige eine Zärtlichkeit hatte, die an indische Thierverehrung erinnert. Er duldete mit der Standhaftigkeit eines Fakir die Angriffe der Thierchen, und wenn er einmal eine handvoll zusammensuchte, so geschah es, um ihnen lächelnd in seinem Aermel ein Unterkommen anzuweisen. Kirchenbesucher von anderen Neigungen gingen ihm in weitem Bogen aus dem Wege; nach seinem Tode soll es ihnen zum Heil und Frieden dienen, daß sie ihn anrufen.

Was sind alle die unanständigen Derbheiten Luthers, welche Janssen rügt, gegen den Ekel, welcher der ganzen Person des Labre anhaftet, und ihn nimmt die heutige katholische Kirche andächtig aus der Hand des Papstes als einen Heiligen in Empfang!

Dennoch wird es ihm nicht leicht werden, sich neben der Maria Alacoque und ihrem jesuitischen Kultus des Herzens Jesu ein verbreitetes Ansehen zu verschaffen. Diese Maria, ebenfalls eine Französin, ist 1648 zu Paray in Burgund geboren. Als Kind vier Jahre lang gelähmt, mit Schmerzen behaftet, später wie es scheint, auch mit Epilepsie, giebt sie ihrer Seele eine durchaus religiöse Richtung. Der Anleitung des Spaniers Molinos zu einem Extrem mystischer Beschaulichkeit folgt sie, wie viele Klosterleute in Frankreich. Sie ist von enthusiastischer Verehrung der Jungfrau Maria erfüllt, dabei höchst beschränkten Geistes und von sinnlichem Natur. Sie sucht die Regungen derselben durch die empfindlichsten Peinigungen des Körpers zu bewältigen. Sie meint wiederholte Erscheinungen der Mutter Gottes zu schauen, ihre Worte zu hören, die eben so einfältig sind, wie ihre eigenen Vorstellungen, findet aber dann mehr Befriedigung darin, daß sie ihre ganze Inbrunst Christo zuwendet. Sie schwelgt in der Liebe zu ihm und thut sich nie genug darin. Sie möchte ihn lieben wie ein Seraph, würde ihn aber auch lieben, wenn sie in der Hölle wäre. Man erkennt die damals in der französischen Mystik gangbare Vorstellung von der sogenannten uneigennützigen Liebe. Die der katholischen Ascetik eigene Vernichtung rein menschlicher Gefühle, macht sie sich gleichfalls zur Aufgabe, welche sich ihr so darstellt, daß ihr eifersüchtiger Liebhaber ihr befiehlt, ihre schwächliche und der Pflege bedürftige Mutter zu verlassen, und den Verkehr mit ihren Geschwistern aufzugeben. Sie war in das Kloster der Salesianerinnen zu Paray eingetreten, wo sie ihre Abtödtungen unter großen körperlichen Schmerzen fortsetzte. Hier erscheint ihr Christus mehrmals, tröstet sie mit Versen, über deren Beschaffenheit die Kritik schweigen muß, weil sie von ihm kommen; gestattet ihr, den Kopf an seine Brust zu legen und verlangt ihr Herz. Sie reicht es ihm hin; es verschwindet, einem kleinen Funken gleich, in seiner geöffneten Seite, wo sie sein Herz wie eine Ofengluth erblickt. Er nimmt das ihrige strahlender wieder heraus, setzt es an seinen Ort, wo sie nun seitdem einen Schmerz empfindet, der alle vier Wochen an einem Freitage am stärksten ist. Mit Erlaubniß Christi hilft sie sich dann durch einen Aderlaß. Zu rechter Zeit kam der Jesuitenpater la Colombière nach Paray. Sobald sie ihn erblickte, sprach Jesus zu ihr: Der ist es, den ich zu dir sende. Natürlich schloß sich nun zwischen beiden ein religiöser Herzensbund. Abermals erschien ihr das Herz Jesu wie ein feuriger Ofen, in welches sich die Herzen des Freundespaares versenkten. Nun konnte auch die neue Offenbarung folgen, in welcher Jesus ihr befahl, sich mit dem Pater darüber zu verständigen, daß in der ganzen Christenheit eine Andacht zum geheiligten Herzen Jesu eingerichtet werde. Nachdem Jesus in einer anderen Offenbarung sie ersucht hatte, daß sie ein Testament zu seinen Gunsten mache, starb sie 1691.

Die Aufdeckung der Herzen war nicht originell. Maria hatte diese Offenbarung deutlich der Katharina von Siena abgelernt, deren Frömmigkeit aber weit geistiger und tiefer ist, als in jenem rohsinnlichen Frauenzimmer, dessen Heiligsprechung Pius IX. einleitete, sobald er vier Wochen Papst gewesen war. P. Colombière wußte die Offenbarung wirksam zu machen, ließ ein riesengroßes Herz Jesu malen und arbeitete an der Einführung seines Kultus. Seine Ordensgenossen setzten nach seinem Tode das Werk fort, denn die Kämpfe mehrten sich im 18. Jahrhundert für die Jesuiten, und Glaube und Kult des neuen Wunders befestigte ihren Einfluß auf das Volk. Weitere Wunder zu seiner Empfehlung ließen nicht lange auf sich warten, nicht immer aber geriethen sie. In Rom starb ein Jesuitenschüler unmittelbar nach seiner Vision, und die Pest in Marseille dauerte nach dem Kult wie vorher fort. Dennoch schritt er vor und die Päpste Clemens XIII. 1765, Benedict XIV. und Pius VI. 1794 erlaubten und förderten das Fest und den Kultus, welcher als göttliche Verehrung des Herzens Jesu bestimmt wurde. Der Jesuit Perrone vertheidigt diese Anbetung gründlich: Es sei das fleischliche Herz Jesu anzubeten als derjenige Theil des ganzen Körpers Christi, in welchem die Liebe besonders gewohnt habe und symbolisirt sei. Und diese Combination, welche es zuläßt, der kraß sinnlichen Grundvorstellung eine allgemeinere Ausdeutung anzufügen, hat auch den Beifall des Kardinal Hergenröther gefunden. Allein das ist eine Abbiegung von dem grundlegenden Wunder, welches die Alacoque in sehr eigentlichem Sinne verstand; und da bei dem sinnlichen Sinne auch der Kultus verharrt, und darin gerade sein Eigenthümliches besteht, so ist unvermeidlich, daß weniger reflektirende Menschen in der göttlichen Verehrung des Körpertheils einen Akt vorzüglicher Frömmigkeit zu vollbringen meinen. In Frankreich, Belgien, Spanien, Italien ist den Jesuiten eine große Anzahl von Stiftungen gelungen, und schon säen sie auch auf deutschem Boden mit Erfolg diese Saat sinnlicher Bigotterie aus. Nach der romanischen Gestalt des Christenthums wird bereits das unbefleckte Herz Mariä zugesellt und erhält die höhere Stelle, denn das Stoßgebet zu Christo bringt 100 Tage Ablaß, das Stoßgebet zur Maria aber 300 Tage.

„Denn dem Gebot der heiligen Jungfrau gehorcht alles, sogar Gott," sagt der heilige Alphons von Liguori.

So ist denn Paray ein Wallfahrtsort ersten Ranges geworden, an welchem man Heilung der Sünden und körperlicher Leiden aller Art empfängt. Wo aber Paray nicht hilft, dahin reicht noch das Wasser des heiligen Ignatius Loyola, wie die

Hunderttausende von Flaschen beweisen, welche davon verkauft werden. Wenn aber auch dies Mittel nicht anschlägt, so läßt das Wasser der heiligen Maria von Lourdes noch immer die Hoffnung der Hülfe offen. Denn hier ist sie so oft erschienen, daß man ihrer Bequemlichkeit wegen wünschen möchte, daß sie sich dort niederlasse. Daher denn auch dies Wasser für alles hilft, und sogar unbewußt genossen die Bekehrung wirkt.

Das ist das römische Christenthum unserer Tage! Das ist der Taumelkelch, welchen Rom unserem deutschen Volke reicht! Wenn dieses wüßte, welch' ein Abgrund des Unchristenthums sich dort aufthut, es würde sich mit Abscheu von ihm kehren. Nicht die Forderung der Anzeigepflicht, sondern dies neue Heidenthum, dies römisch jesuitische Gift bringt in unserem Volke Zustände hervor, Herr Windthorst, welche zum Himmel schreien. Doch dagegen hat sich weder aus dem Centrum, noch aus den Bischöfen auch nur eine Stimme erhoben, sondern die Blätter und Erbauungsschriften werden gepflegt, welche das Volk mit dieser verdorbenen Nahrung füllen und es unfähig machen für christliche Wahrheit; die Affiliirten, die Vereine, die Bruderschaften, werden zu ungeheuren Zahlen vermehrt, mit nichtigen Amuletten wähnen sie der Seligkeit sicher zu werden und sind eine Mannschaft, stets bereit zu wirken, wenn es gilt, die Gemüther zu beunruhigen über die Gefahr der Kirche, Geschrei zu erheben, Adressen zu fabriciren. Die Führer des Volkes nennen ihren Katholicismus Christenthum, und was sie unter Katholicismus verstehen, ist die Verschüttung des Christenthums mit Aberglauben, Magie und Mammonsdienst. Sie reden von Freiheit, und meinen urtheilslose Unterwürfigkeit unter Rom, welches seit einem halben Jahrtausend beinahe kein anderes Christenthum kennt. Da liegen gleichfalls die Ursachen, welche zum Angriff gegen die Universitäten treiben.

VII.

Denn auch dieses Kampfes Ausgangspunkt ist Rom, und seine thätigsten Streiter sind die Jesuiten. Sie erblicken das Heil der Wissenschaft in der Rückkehr zu den scholastischen Formen und

Lehren, in der vollkommenen Unterordnung unter den unfehlbaren Papst, in der Unterdrückung aller örtlichen Eigenthümlichkeiten durch das römische Einerlei. Da in Deutschland sich auch die katholische Wissenschaft individueller entwickelt hatte, so galt es, dieses Land der Ketzer zu erobern.*) Erst richtete man sich gegen die Philosophie. Schon vor Pius Regierung fielen die Schüler von Hermes, einem namentlich in seiner Methode von Kant bestimmten Theologen, als Opfer der römischen traditionellen Theologie; Pius selbst, von steigendem Haß entflammt, verurtheilte den frommen Philosophen Günther. Dann richtete sich der Krieg allgemeiner gegen die Theologie. Das Collegium Germanicum zu Rom war die Festung der Jesuiten. Unterstützt von dem Erzbischof Reissach von München, Ketteler von Mainz und Geisel von Köln, drangen sie in Bayern und am Rhein vor. Mehrere Bisthümer wurden mit ihren Freunden besetzt; Jesuiten wurden Lehrer an bischöflichen Seminarien. Nun begannen die Anklagen, die Verleumdung der Universitäten, der Theologen, der Bücher, der Zeitschriften, welche nicht jesuitisch gerichtet waren. Die Römer hatten ihnen nichts entgegen zu setzen, als seichte Casuistik, geistlose Materialiensammlung oder gröbliche Unwissenheit; es war in ihren höchsten theologischen Leistungen keine Spur von der Wissenschaftlichkeit unserer Universitäten, aber das Organ des Pius und der Jesuiten, die Civiltà cattolica, nannte sie stinkend, und auf der Katholikenversammlung zu Aachen 1862 bezeichnete Moufang sie und die Gymnasien unter stürmischem Beifall als Teufelsanstalten. Die Theologen sollten den Universitäten entzogen und in den Seminarien gebildet werden. Knabenseminare wurden als Vorbildungsanstalten dafür gegründet. In Innsbruck ward die Facultät ihnen in die Hände gegeben, die Würzburgische ihrer verdienten Lehrer beraubt, die Gießener nach Kettelers Befehl von den Zuhörern gemieden. In Preußen war es gelungen, bis 1871 gegen 700 Jesuiten einzuführen, mehr als irgend eine Provinz dieses Ordens zählte, mit Ausnahme von Castilien.**) Eine all=

---

*) Siehe die treffliche kleine Schrift von Prof. Friedrich, der Kampf gegen die deutschen Theologen und theol. Facultät 1875.
**) Friedrich, S. 16.

umfassende Spionage war organisirt; um vor den Anklagen in Rom und der Niedertracht einer schmutzigen Presse Ruhe zu haben, schwiegen diejenigen, welche nicht der römisch jesuitischen Theologie huldigten.

Es ist daher zweifellos, daß die Angriffe auf unsere Schulen und Universitäten, welche wir im Abgeordnetenhause im vorigen und in diesem Jahre vernehmen mußten, eine gradlinige Fortsetzung der von Rom ausgehenden Bewegung sind. Rom hat das Thema gestellt, und die Gelehrten des Centrums liefern den Commentar dazu. Wessen klagt Herr Reichensperger die Universitäten an? Was er ihnen vorwirft, ist Freiheit, Faulheit, Trunksucht, Rauf= sucht, Parteisucht.

Das ist viel auf einmal. Ich beginne mit dem letzten Punkt, weil er den allgemeinen Organismus der preußischen Universitäten betrifft, womit ihr Gedeihen nothwendig zusammenhängt. Die Körperschaft der Lehrer gliedert sich bekanntlich in ordentliche Pro= fessoren, welche die Facultät im engeren Sinne ausmachen, ihre äußeren Geschäfte und Verbindungen besorgen und mit der vollen Berechtigung des Universitätsamtes auch die Verpflichtung über= nehmen, daß ihre Wissenschaft in angemessener Ordnung und Voll= ständigkeit den Studirenden dargeboten werde. Ferner gehören dazu die außerordentlichen Professoren und Privatdocenten. Die letzteren sind junge Männer, welche nach Prüfung und Zulassung durch die Ordinarien ihre akademische Thätigkeit beginnen, und sich in ihr zu bewähren haben. Der Staat übernimmt in der Regel keine Verpflichtung zu dauernder Unterstützung, daher manche, deren Beförderung sich verzögert, in äußere Schwierigkeit gerathen. So wichtig diese Klasse ist für die Verjüngung des Lehrerstandes und die Gewinnung tüchtiger Professoren, so müssen sie doch es wagen, sich in ihrem Beruf auf jene Gefahr hin zu versuchen. Sie müssen lernen, ob die Wissenschaft es sei, welche sie befriedige, ob eigen= thümliche Begabung für dieselbe und Lehrtalent sie für die akade= mische Thätigkeit eigene, der Wetteifer muß seinen Sporn hinzu= fügen; nur so vermögen sie, wie bisher, wesentlich zur Blüthe der Universitäten beizutragen. Sie, welche durch die Gefühle der Jugend, bewegtere Entwicklung, Frische des Strebens den Stu=

direnden näher stehen, bilden dauernd die werthvollste Wechsel=
beziehung zwischen Lehrern und Schülern der Universität. Ihrer
Vertheidigung bedient sich Herr Reichensperger zur Waffe
gegen die Facultäten. Er behauptet, es sei ein selbstsüchtiges,
cliquenhaftes Ausschließen der Privatdocenten von der Beförderung
sehr verbreitet. Von vielen derselben seien ihm vertrauliche Be=
stätigungen zugekommen, nur einen Fall hat er genannt, wegen
dessen ich der angeklagten Facultät überlasse, sich selbst zu ver=
theidigen, wenn sie es für angemessen hält. Richtet sich seine An=
klage gegen die Einrichtung selber, so ist sie ohne Urtheil; richtet
sie sich gegen die Personen, so ist sie, allgemein gestellt, in hohem
Grade ungerecht und gehört nicht vor den Landtag. Denn die
Einrichtung kann kaum zweckmäßiger gedacht werden, als sie be=
steht. Die Fachmänner schlagen dem Minister Berufungen oder
Beförderungen vor, indem sie im ersten Falle mehr als einen
Namen zu nennen pflegen. Der Minister ist nicht verpflichtet,
danach zu verfahren, sondern er kann auch andere Männer zu
Rathe ziehen und selbstständig entscheiden. Da in den meisten,
namentlich in den theologischen Facultäten, verschiedene Richtungen
neben einander bestehen, so ist um so weniger Gefahr vorhanden,
daß die Parteisucht den Sieg davon trage. Ueberdies hat jede
preußische Universität, mit Ausnahme der Berliner, einen Kurator,
durch welchen sich der Minister und seine Räthe im Nothfall über
innere mißliche Verhältnisse der Facultäten Aufklärung verschaffen
können. Freilich schließt auch die beste Verfassung einer Gemein=
schaft den Mißbrauch nicht aus, und in der That sind mir einige
Ungerechtigkeiten, welche von einer egoistischen Clique gegen die
Beförderung von Docenten gerichtet waren, nicht unbekannt, aber
doch während der langen Zeit meines akademischen Lebens, und
obgleich ich eine Anzahl von Universitäten genau zu kennen glaube,
nur sehr vereinzelte. Man muß, um einen solchen Fall richtig zu
würdigen, die Bedürfnisse, die Beschaffenheit der Personen und die
anderen Bedingungen sehr genau kennen, und je schwieriger dies
ist, desto leichter entsteht der Schein eines Handelns nicht für die
Wissenschaft, sondern für persönlichen Vortheil. Docenten, deren
Wünsche nicht befriedigt sind, dürfen nicht immer als unparteiische

Beurtheiler gelten, so wenig wie Examinatoren nach den Berichten derjenigen Candidaten zu beurtheilen sind, deren Examen mißlingt. Bis gegen das Jahr 1850 hin gab es auf unseren Universitäten eine Ueberfülle von Docenten der dritten und zweiten Klasse. Da es nicht möglich war, alle Hoffnungen auf Anstellung zu erfüllen und unsere ganze Zeit die Wendung von einer intellektualistischen Richtung zu einer praktischen, politischen, selbst materialistischen erfuhr, so verlor der Eintritt in den akademischen Beruf viel von seiner Anziehungskraft. Die Zahl derer, welche sich habilitirten, nahm ab, ihre Aussichten wurden günstiger. Es läßt sich statistisch beweisen, daß in dem letzten Vierteljahrhundert nicht wenige Docenten sehr frühzeitig in Ordinariate aufgerückt sind. Noch jetzt ist die Zahl der Privatdocenten in vielen Facultäten mäßig, so daß wenn ein junger Mann seine Lehrtüchtigkeit beweist, und sich durch ein wissenschaftliches Werk von eigenthümlichem Werth bemerklich macht, er eines baldigen Rufes in eine vortheilhafte Stelle ziemlich sicher sein darf. Unter diesen Umständen flößt es Mißtrauen ein, daß Herr Reichensperger Beschuldigungen vorträgt, welche er verallgemeinert, Zeugen aufruft, deren Unparteilichkeit nicht unverdächtig ist, die Namen verschweigt, bei welchen es sich um die Ehre der Universitäten handelt. Ich könnte sagen, daß dies kein würdiges richterliches Verfahren sei, allein ich entschuldige es mit den römischen Gewohnheiten und Interessen. Unter römischem Einfluß wird jeder Gegensatz cliquenhaft behandelt, weil die römisch jesuitische Richtung nichts neben sich duldet, auch keine Wahrheit und Wissenschaft, welche von der ihrigen abweicht; und da sie die Zwecke ihrer Partei den göttlichen gleich achtet, so hält sie es für geboten, auch den sittlichen Ruf des Gegners zu vernichten. Zahlreiche Beispiele ungerechter Behandlung liegen vielmehr in den von mir erwähnten Vorgängen, in welchen die trefflichsten Lehrer von katholischen Universitäten verdrängt wurden.

Gegen die Beschuldigung der Trägheit, in gleicher Allgemeinheit vorgetragen, darf ich wohl in aller Bescheidenheit darauf hinweisen, daß die Leistungen der preußischen Universitäten gegen andere deutsche und nichtdeutsche nicht zurückstehen. Indeß soll man die Mahnung auch vom Feinde willig annehmen, nur wird sie der Ankläger einschränken müssen. Die Beschäftigung mit den wissenschaftlichen Aufgaben, welche die volle Hingabe der akademischen Lehrer erfordert, nimmt die Kräfte des Geistes und Körpers, wie die medicinische Untersuchung bestätigt, mehr als es die meisten anderen Berufszweige thun, in Anspruch. Das wissenschaftliche Gebiet, welches ein jeder zu beherrschen sucht, ist so groß, die Probleme der Forschungen und der Zufluß der Literatur oft so drängend, daß ein akademischer Lehrer nicht im Stande ist, seine Zeit mit der Regelmäßigkeit zwischen Geschäft und Muße zu theilen, wie das in den meisten praktischen Berufszweigen möglich ist. Was den Geist erfüllt, läßt sich häufig nicht aus den Stunden verbannen, welche Leib und Seele zu ihrer Erholung bedürfen, und so möchte die tägliche Arbeit des Gelehrten länger und intensiver sein, als die der meisten anderen Menschen. Das wird nicht jedem einleuchten, und vielleicht gehört Herr Reichensperger auch zu denjenigen, welche solch einen Trieb noch nie empfunden haben, aber für einsichtige Ordner des Universitätswesens ist dies ein Hauptgrund gewesen, längere Ferien für die Universitäten einzurichten, welche den Neid vieler auf sich gezogen haben, und die in der That zu dem Beneidenswerthen des hohen, aber schwierigen Berufes gehören. Sie lassen eine Erfrischung durch andere Eindrücke zu, sie ermöglichen es, fremde Bibliotheken zu besuchen, Forschungen ungestörter und in größerem Zusammenhange vorzunehmen, auch wohl einmal zur Abwechselung eine Streitschrift zu verfassen gegen die Gelehrten des Centrums, deren Leben ein Kampf, und deren Kampf ein Traum ist. Auch den Studirenden ist die Erholung, die Gelegenheit zu selbständiger Arbeit und das Leben in Heimath und Elternhaus oder das Bildende einer Reise zu gönnen. Universitäten älterer Einrichtung, die englischen, schwedischen, setzen die Vorlesungen acht Monate fort, denen vier Monate Ferien folgen, längere mithin, als uns zugemessen sind. Diese Theilung ist für uns unmöglich, wegen des Zusammenhanges mit den Schulen und vielen anderen Ordnungen des Lebens, empfiehlt sich auch nicht, wegen der starken Anspannung des Geistes, welche die Vorlesungen an unseren protestantischen Universitäten von Lehrern und Zuhörern fordern. Die hier herkömmliche Zerschneidung in zwei Semester mit zwischengelegten Ferien, bringt zwei Anfänge und zwei Schlüsse, bei denen einige Abweichungen vom gesetzlichen Termin, in den meisten Fällen nur wenige Tage, einzutreten pflegen. Die Studirenden sind verpflichtet, ihre Vorlesungen innerhalb der ersten vier Wochen vorschriftsmäßig zu ordnen, eine Frist, welche nicht die sonderbare Mißdeutung des Herrn Reichensperger verdient, daß die Vorlesungen bis zu ihrem Ende hinausgeschoben werden. Sie steckt vielmehr der Verschleppung der Meldungen eine Grenze, und giebt den Kassenbeamten zugleich die Möglichkeit, dieselben zu registriren. In Halle wurden von Ostern 1882/83 im Sommersemester 8490, im Wintersemester 9767 Vorlesungen von den Studirenden belegt, deren jede zweimal gebucht werden muß, viele mit Bemerkungen zu versehen sind; das ist nicht in einigen Tagen abzumachen. Keinem Studenten aber ist unbekannt, daß er vor der Meldung, selbst vor der verzögerten Immatrikulation, die Vorlesungen besuchen darf und soll, und sie richten sich danach. Daß nicht wenige die Vorlesungen nicht mit der erwünschten Regelmäßigkeit benutzen, ist zuzugeben, indeß ist auch dieser Vorwurf übertrieben, und viele Docenten dürfen den ausdauernden Fleiß ihrer Zuhörer rühmen. Eine weitere Ausdehnung der Examina würde schwerlich daran etwas ändern. Wir haben bereits genug davon.

Ich weiß, daß auch die Beschuldigung der Völlerei im Biertrinken weiter reicht, als die Thatsache, und daß es ein verhältnißmäßig geringer Theil der Studirenden ist, welcher den Vorwurf verdient. Gleichwohl ist nicht in Abrede zu stellen, daß dieser deutsche Fehler in den geselligen Zusammenkünften noch mehr vermieden werden sollte. Man darf der Jugend manches nachsehen, aber dennoch richte ich an sie als Lehrer und Freund die Bitte, strenger über das erlaubte Maß zu wachen. Mögen die warnenden Worte, welche Professor Virchow im Abgeordnetenhause über die nachtheiligen Folgen des Uebermaßes für die Gesundheit sprach, nicht überhört werden. Die Neigung mancher, an den früheren Tagesstunden die Bierhäuser zu besuchen, wirkt zerstreuend und erschlaffend. Verlieren wir es endlich nicht aus den Augen, daß wir von lauernden Feinden umgeben sind, welche die Mängel unseres Universitätslebens als das Charakteristische desselben darstellen, weil sie es um seiner Vorzüge willen hassen. Dafür bieten auch die Duelle einen, ich leugne es nicht, beklagenswerthen Anlaß. Ich weiß, daß auch diese Beschuldigung übertrieben ist, und daß unter unseren Studirenden ein Gegensatz gegen sie besteht. Aber ganz ist der Tadel nicht abzuweisen, und mancher schmerzliche Ausgang, manches beschwerte Gewissen knüpft sich an diese Sitte. Ich wünsche, daß sittliche Kraft und Einsicht so weit in der Studentenschaft den Sieg davon tragen möge, daß eine andere Methode zu ehrenvoller Ausgleichung gewisser Streitigkeiten stattfinden kann. Aber dies ist bei den Vorstellungen der deutschen Jugend von Ehre, Muth und Selbständigkeit nicht leicht zu erreichen, und wenn die Reife des sittlichen Urtheils fehlt, so würde eine aufgezwungene Aenderung wahrscheinlich an die Stelle einzelner Renommistereien eine sehr verbreitete Rohheit des Benehmens setzen. Bemerkenswerth scheint mir übrigens dies, daß es zwar in den nichtdeutschen Ländern meines Wissens keine Studentenduelle giebt, daß aber in Deutschland, abgesehen vom Militär, unter den Männern reiferen Alters die Duelle seltener sind, als z. B. in Frankreich.

Doch alle Vorwürfe sammeln sich in dem einen Widerspruch gegen die Freiheit unserer Universitäten. Gegen diese Erziehung zu individueller Tüchtigkeit, zu eigenthümlichen Leistungen, zu freiem Denken, zu eigenem Urtheil und zur Schätzung der Wahrheit um ihrer selbst willen, gegen diese Quellen des deutschen Geistes wendet der römische Geist seinen Haß, denn er kennt nur Herrschaft und Knechtssinn. In der freien persönlichen Ueberzeugung von der Wahrheit findet das deutsche Volk, vor allem das evangelische deutsche Volk, die Signatur seiner Art, und es wird die Pflanzstätten geistiger Bewegung nicht mit der Ruhe des Kirchhofs vertauschen wollen. Wir haben die Zuversicht, daß in dieser freien Bewegung die menschliche Erkenntniß, reicher ausgerüstet, sich mit der göttlichen Auctorität wieder zusammen findet, und gestatten lieber selbst den excentrischen Erscheinungen ein vorübergehendes Dasein, als daß wir mit äußerem Zwang innere Unwahrheit erzeugen. So sehr auf der einen Seite die Naturwissenschaft und eine in der Empirie beschlossene Philosophie dem Christenthum widerstrebt, so ist doch auf der anderen Seite die Auctorität der Offenbarung im Wachsen begriffen, und es läßt sich der Zeitpunkt voraussehen, wo beide in neuer Begrenzung ihrer Aufgaben sich nicht mehr feindselig gegenüber stehen werden. Unsere Universitäten schließen die Gefahr extremer Standpunkte ein, aber wiederum kann sich auf ihnen keine schroffe Einseitigkeit behaupten, ohne zeitig ihren Gegensatz zu finden, und mit ihm ihre Berichtigung. Die akademischen Lehrer dürfen ihre Zuhörer nicht von dem Kampfe der Gegensätze ausschließen, denn die Vorlesungen haben im Unterschiede von Büchern den Zweck, den Hörer auf den gegenwärtigen wissenschaftlichen Standpunkt zu führen, und die jüngere Generation zu weiterer Lösung der Aufgaben vorzubereiten. Wollten sie Erkenntnisse verschweigen, weil sie überlieferten Anschauungen, seien es auch die christlichen, widersprechen, so würde die Literatur, welche niemals einen so großen Einfluß gehabt hat, wie in der Gegenwart, das bewirken, was sie zu vermeiden suchen, und diese Wirkungen würden desto weniger geregelt sein. Das möchte man freilich wünschen, daß neue Erkenntnisse mit einer vorsichtigen Schätzung ihres Werthes vorgetragen werden, allein bedeutsame Entdeckungen pflegen eine Herrschaft über viele Geister auszuüben, welche dieselben einseitig macht, und während sie die Kräfte erfolgreich auf einen Punkt sammelt, beschränkt sie den Horizont nach anderen Richtungen.

Diese Bemerkung beziehe ich zugleich auf die Erörterungen über die Darwinsche Theorie im Hause der Abgeordneten. Ich begreife es, daß eine das Hergebrachte tief erschütternde Theorie und herausfordernde Aeußerungen, welche sich daran schlossen, zu solchen Auseinandersetzungen führen konnten. Allein es ist sehr zu wünschen, daß dieser Vorgang eine Ausnahme bleibe, denn die Rednerbühne ist kein Katheder. Im eigenen Interesse will ich versuchen, die Grenzlinien zu ziehen, innerhalb deren für jeden gebildeten Christen die Entscheidung über das Verhältniß zu den Glaubenswahrheiten liegt.

In dem biblischen Bericht über die Schöpfung ist die naturwissenschaftliche Seite von der religiös sittlichen zu unterscheiden, denn nicht auf jene, sondern auf diese richten sich die Absichten der heiligen Schrift. Die Religion verliert aber ihren wesentlichen Inhalt, wenn sie nicht einen persönlichen Gott zur Voraussetzung hat, welcher vernünftig und allmächtig mit Freiheit die Welt ins Dasein ruft und zweckvoll, wie die Bibel es andeutet in einer Stufenfolge, die Erde zum Ort und zur Entwicklung der Menschheit bereitet. Damit ist der Pantheismus ausgeschlossen, die göttliche Vorsehung gewahrt; und wie das Verhältniß der Außenseite zur Naturwissenschaft sich regeln werde, darf man daher ohne Schaden abwarten. Die Ableitung höherer Organismen aus niederen würde die christliche Betrachtung in einer gewissen Begrenzung ebenfalls den naturwissenschaftlichen Theorien anheim geben dürfen, mithin auch der Darwinschen, obwohl diese nicht verächtliche Gegner hat. Unter ihnen erklärte der jüngst verstorbene gelehrte Naturforscher Giebel, daß Darwins Schlüsse nicht zwingend seien, nicht blos wegen der fehlenden Mittelglieder, sondern auch, weil seine Beobachtungen zum großen Theil an der Oberfläche haften und das Eigenthümliche des Organismus verkennen. Das mögen nun die Fachmänner unter sich ausmachen. Die christliche Betrachtung kann es dahin gestellt sein lassen, wie weit die Leiblichkeit und vielleicht das Thierleben in diesen ununterbrochenen Prozeß, in welchem sich die Gestalten umformen, hineingezogen werde; sie darf aber niemals zugeben, daß das Dasein des Menschen aus den Voraussetzungen des Thierlebens abgeleitet werde. Das immanente Princip der Entwicklung bis zu diesem Punkte ausgedehnt, führt in seiner Konsequenz nothwendig zu der Stufe des Materialismus, welche die specifische Wesenheit des Geistes leugnet und jede überirdische Beziehung desselben vernichtet. Wollte man an dem Orte des Prozesses, wo das Naturleben zum geistigen wird, zur Erklärung des letzteren eine neue schöpferische That Gottes hinzutreten lassen, so würde damit das Recht der religiösen und ethischen Auffassung für die Menschheit im allgemeinen gerettet werden können; allein die Darwinsche Entwicklungsreihe wäre damit unterbrochen, und die weiteren Konsequenzen würden auf die Neuschöpfung auch des menschlichen Leibes, wahrscheinlich auch auf die Unterbrechung der voraufgehenden Wesenreihe führen. Der Glaube der Christen wird stets vor der Annahme zurückschaudern, daß der Erlöser der Welt, der Sohn Gottes, dem Leibe nach mit der gesammten menschlichen Natur aus der Sphäre des Thierlebens abgeleitet werde. Der Widerspruch, in welchen das Christenthum mit dieser Weltbetrachtung tritt, ist übrigens im Wesentlichen derselbe, welchen es in den ersten Jahrhunderten gegen die heidnische Lehre von einer Seelenwanderung richtete, denn auch diese faßte den Menschen lediglich als Produkt der niederen physischen Faktoren auf. Es sind immer dieselben Principien des Christenthums, des Heidenthums und Judenthums, welche einander gegenüber stehen, nur Formen und Kombinationen wechseln. Was in den heidnischen Ideen bekämpft ward, findet jetzt innerhalb der Philosophie und materialistischen Naturwissenschaft seine Stelle; was dem Judenthum eigen war, wiederholt seine Elemente in Hierarchie und Gesetzlichkeit der römischen Kirche. Die altchristliche Wissenschaft hat den ersten Irrthum, die protestantische den zweiten geistig überwunden; nichts ist gewisser, als daß die christliche Erkenntniß auch den Weg finden wird, über das moderne Heidenthum zu triumphiren, und unsere Universitäten werden, wie seit Jahrhunderten, ihren Antheil daran haben.

VIII.

Aber welches wird der Antheil der Zukunftsuniversität des Centrums dabei sein? Gesetzt, die deutschen Katholiken und ein deutscher Staat wären kurzsichtig genug, sie aufrichten zu lassen, welches würde ihre Beschaffenheit sein? Ich will mir nach den römischen Forderungen der Unterrichtsfreiheit und den Andeutungen der Abgeordneten selbst ein Bild davon zu machen suchen. Frei würde sie sein, nehmlich von der Aufsicht des Staates auf Lehrer und Lehren; sie würde dagegen unter dem Einfluß der kirchlichen Oberen stehen. Der Bischof der Diöcese wird im Einvernehmen mit dem Papst die Lehrer anstellen, auch vielleicht Einsicht in die Vorlesungen verlangen. Die Sorbonne von Paris mußte im Mittelalter dem Papste zu Avignon sie vorlegen, und für die Bischöfe ist diese Befugniß auch in unserer Zeit empfohlen worden. Bei diesen Anstellungen und Beurtheilungen möchten die Professoren nicht immer ohne Schädigung davon kommen. Nicht alle Bischöfe sind so gelehrt wie Hefele und nicht alle so von der ungenirten Absicht gemeinsamer Arbeit erfüllt, wie Martin von Paderborn, welcher es nicht verhehlte, daß er das Plagiat an anderen Leistungen im großen Styl betrieb. Man stelle sich aber vor, daß das Seminar von Ermeland zur freien Universität vervollständigt und diese unter die Aufsicht des Bischofs Krementz gestellt würde, welche Erwartungen müßte man dann hegen? Dieser Mann schrieb ein Buch, worin er die einzelnen Akte des Lebens Christi in Verbindung setzt mit Hauptakten der Kirche, vor allem der Päpste, bis auf die Gegenwart. Wie man im Alten Testament typische Weissagungen sucht auf Christus, so sollte das Leben Christi nach göttlicher Ordnung eine vorbildliche Parallele seiner Statthalter sein. Man steht betroffen vor den zwei seltsamen Rubriken der Schlußtabelle, schwankend, ob man eine fast kindische Spielerei oder eine fast blasphemische Schmeichelei vor sich habe. Die Papstgeschichte seit Innocenz III. zeigt, wie jeder Kenner gestehen muß, viele kluge, wenig gute, in großer Ueberzahl höchst unsittliche Päpste. Zu den größten Bösewichtern aller Jahrhunderte gehörte Johann XXIII., von welchem sein würdiger Biograph berichtet, daß er als Seeräuber seine Laufbahn begonnen, sub studentis figura sich auf der Universität Bologna aufgehalten habe, in den Klerus aufgenommen, nicht ohne böse Künste rasch emporgestiegen sei, in hohen Aemtern ein Leben führte, voll von unbeschreiblichen Lastern und Verbrechen, daß er nach Vergiftung seines Vorgängers sich der Papstwürde bemächtigte und sein schänd= liches Leben fortsetzte, bis das Concil von Konstanz ihn entfernte, nachdem ihm 70 todeswürdige Verbrechen vorgehalten waren. Für diesen Papst, so fern er gezwungen ward, sich dem Concil zu unter= werfen, macht es der Bischof von Ermeland zum weissagenden Vorzeichen, daß Christus sich herabgelassen hat, sich von Johannes taufen zu lassen.*) Ebenso sinnreich trifft es zusammen, daß die Verklärung Christi die Vorbedeutung ausmacht für den letzten in

---

*) Das Leben Jesu eine Prophetie. 1869. Nr. 19.

der Papstreihe, für Pius IX. Um aber das Zartgefühl desselben nicht zu verletzen, ist statt seines Namens ein Fragezeichen gesetzt. Erst wenn man den himmlischen Johann XXIII. und den verklärten Pius im Auge hat, versteht man den vollen Sinn des Motto's auf dem Titel: Wie der Himmlische ist, so sind die Himmlischen. Ich würde dem ehrlichen Bischof einigen Humor zutrauen, wenn er sagt, die Hochzeit zu Kana sei eine Prophetie auf die Hochzeit Ferdinand des Katholischen mit Isabella, indeß es kommt im Verfolg sogleich eine kleine Bosheit gegen Deutschland und die Reformation zum Vorschein.*) Denn er bemerkt mit Genugthuung, wie viel das geeinigte Spanien zur Bekämpfung des Protestantismus beigetragen habe. Wenn nun Krementz unter den preußischen Bischöfen durch Gelehrsamkeit hervorragt, welche Beurtheilung würde eine Universität von den übrigen zu befahren haben?

An sehr tüchtigen deutschen Gelehrten, älteren und jüngeren, würde für manche Wissenschaften gegenwärtig kein Mangel sein, wobei ich allerdings nicht zu entscheiden wage, ob sie nach römisch jesuitischem Maßstabe alle hinlänglich korrekt sind. Es wird auch wohl in Zukunft nicht daran fehlen, und wenn es wahr ist, was mir seiner Zeit von Rom aus glaubwürdig berichtet ward, daß unter Pius der mit Revision eines Lehrplanes beauftragte Kardinal die Geographie strich, weil sie eine protestantische Wissenschaft sei, so wird man päpstlicher Seits nicht eben auf Vollständigkeit der Disciplinen bringen. Indeß selbst große Gelehrsamkeit genügt nicht, um echt wissenschaftliche Bildung zu verleihen, sondern es kommt auf den Geist an, auf die Wahrheitsliebe, auf Principien und Methode, und in dieser Hinsicht wird nicht Freiheit, sondern römischer Zwang das Charakteristische sein. Was die deutsche Wissenschaft bisher auszeichnete, wenigstens vergleichsweise, das ist Unparteilichkeit und Gründlichkeit in der Ermittelung des Thatsächlichen, Anerkennung der Wahrheit ohne Rücksicht auf unerwünschte Konsequenzen, und Zusammenfassung des Einzelnen unter allgemeine und principielle Gesichtspunkte. Statt dessen werden nun die entscheidenden Gesichtspunkte im römischen System liegen. Danach werden in unzähligen

---

*) Ebendaselbst. Nr. 27.

Fällen die Erkenntniß und Beweismittel gebeugt werden. Es giebt wohl ganz formale Disciplinen wie die Logik, Mathematik und einige empirische Naturwissenschaften, welche davon nicht berührt werden; bei allen aber, deren Inhalt irgend wie an Religiöses geknüpft werden kann, wird das im römisch jesuitischen Sinne geschehen und eben dieser wird den Werth, den die Wahrheits= erkenntniß an sich für den Geist hat, mißachten und sie nur als Mittel zum Zweck würdigen. Wenn unsere Universitäten also der Philosophie es überlassen, die Probleme über Gott und Welt nach ihren eigenthümlichen Voraussetzungen und Formen zu lösen, und unser theologisches Denken die philosophischen Erkenntnisse benutzt oder verwirft, je nachdem sie mit den christlichen Principien und ihren nothwendigen Folgerungen harmoniren oder nicht, wird da= gegen die neue Universität mit Thomas von Aquin lehren, die Philosophie sei die Magd der Theologie. Sie wird also von einer vom Papst bevorzugten Schultheologie abhängig werden und es kann geschehen, daß ein Papst, welcher so wenig von diesen Dingen versteht, wie Pius, Philosophien, wie die Günthersche, mit allem Guten und Schlechten, was in ihnen ist, ausfegt. Die Herr= schaft der Theologie hat freilich nicht gehindert, daß Thomas sich der philosophischen Behauptung unterordnete, daß die Sünde etwas Nothwendiges sei; nicht gehindert, daß im 14. Jahrhundert die Aristotelische Moral vor der kirchlichen das Uebergewicht hatte. Ferner werden auf der freien Universität die wichtigsten Natur= erkenntnisse nicht auf Grund der Forschung gelten, sondern auf Grund päpstlicher Approbation. Die Beweise für das Koper= nikanische Weltsystem beweisen nichts, wenn der Papst es ver= urtheilt. Man kann sich hiervon überzeugen, wenn man die Unter= suchungen eines scharfsinnigen Gelehrten im letzten Heft des „Katholik" verfolgt. Galilei war verurtheilt, eine Kongregation erklärte mit päpstlicher Zustimmung, daß die Kopernikanische Theorie der Schrift widerspreche. Da entsteht nun die welthistorisch wichtige Frage, ob dies Dekret blos dogmatisch oder blos disciplinarisch oder dogmatisch disciplinarisch, oder disciplinarisch dogmatisch ge= meint ist, und weiter, ob die Bestätigung des Papstes nur geschäftlich oder ausdrücklicher oder ex cathedra erfolgt ist? Denn sollte das letztere der Fall sein, so dürfte die Erde sich nicht bewegen, und die freie Universität müßte dafür einstehen.

Keine Geschichte ist so reich an gefälschten Documenten, als die der Päpste und Hierarchie. Hier wird die Kritik an der freien Universität rückläufig werden müssen, wo aber echte Quellen der Ehre des Statthalters Gottes nicht günstig sind, da wird man sie mit diesem entscheidenden Erforderniß in Uebereinstimmung bringen, was die neue Ausgabe der Gallia christiana mit Glück versucht hat. *) Wo hingegen zur Ehre der Päpste am besten von ihnen geschwiegen wird, da schweigt man von ihnen, wie Janssen das goldene Zeitalter Deutschlands von 1450—1500 schildert, ohne der Päpste zu gedenken; denn wenn er ihr Leben und Handeln auf Deutschland darstellte, würde das Zeitalter nicht golden sein. Vor dem 18. Juli 1870 gebrauchten die Universitäten des Professor Hefele Geschichte in erster Auflage, in welcher er bedauert, daß der Papst Honorius Häretisches geredet habe; die Zukunftsuniversität wird nur die zweite Auflage des Bischof Hefele benutzen, worin er bedauert, daß er vom Papst Honorius also geredet habe. Die evangelischen Historiker hielten bisher Luther für den glaubensstarken Heros des deutschen Volkes, von dessen schöpferischen Ideen die folgenden Jahrhunderte leben, dessen neubildende Kraft auch die deutsche Sprache zu einer höheren Stufe erhob; und das ist zum guten Theil von katholischen Gelehrten, das eine von Döllinger, das andere von dem Franzosen Cousin anerkannt worden. Seit Janssen ihn ins rechte Licht gesetzt, wird man ihn für einen rohen Zertrümmerer der herrlichen Zustände halten, für einen pöbelhaften Volksaufwiegler, von welchem, man weiß nicht warum, Millionen von Menschen sich bezaubern und in Ketzerei und Unglück führen ließen. Er war so unbedeutend, daß die kirchengeschichtlichen Tabellen von Kraus, die theilweis zum Leitfaden für den Unterricht an der freien Universität geeignet sind, nicht einmal eine neue Periode mit ihm beginnen.

Die Wissenschaft vom Staate folgt nothwendig dem großen Thomas, der Syllabus ist ihre magna charta, der Kirchenstaat

---

*) Reinkens, S. 45.

ihr Ideal. Die praktische Kunst der Finanzen lehren die Jesuiten mit Erfolg. Sie sind Kosmopoliten, sie kennen ein deutsches Vaterland so wenig, als Vater, Mutter und Geschwister, denn ihre Heimath ist in Rom.

Die Studien werden ungemein erleichtert werden, namentlich für die Theologen, durch den Index der verbotenen Bücher, denn hier finden sie diejenigen zu Tausenden aufgezeichnet, welche nicht heilsam zu lesen sind; sie dürfen sich um so mehr auf die jesuitisch rechtgläubigen Bücher beschränken, und wenn sie dem Rathe des heiligen Thomas folgen, so begnügen sie sich mit einem einzigen Lehrer. Der richtig ausgebildete Priester wird vielleicht während seiner Studien Perrone, und nach seiner Ordination das römische Breviarium lesen. Nur muß er mit wachsamem Auge nach Rom blicken, ob nicht dort etwa ein neues Dogma in der Luft schwebe, sonst könnte er leicht, wie von der Unfehlbarkeit des Papstes und der Sündlosigkeit der Maria, so mit neuen Dogmen überrascht werden von der Himmelfahrt der Maria, oder von der Sündlosigkeit des heiligen Joseph und danach müßte auch, wie der heilige Thomas per consequentiam bewiesen hat, die Sündlosigkeit der heiligen Anna, und des heiligen Jojakim, und des ganzen Stammbaums der heiligen Jungfrau folgen. Oder er könnte sich plötzlich überzeugen müssen, daß niemand selig werde, welcher nicht glaube, daß der Papst den Kirchenstaat wieder haben müsse. Merkt nun ein kluger Mann auf und nimmt zeitig Richtung, so kann er das Opfer des Gewissens ersparen, was ihm vielleicht ein kleines Unbehagen machen würde.

Wenn man nach den jetzigen Seminarien urtheilen darf, so werden manche Fehler nicht vorhanden sein, welche man an unseren Studenten tadelt, und die eigenthümlichen wird man zu verbergen wissen. Treuer Gehorsam wird höher stehen, als wissenschaftliche Regsamkeit. Wie könnte auch die geisttödtende Methode Perrones und ähnlicher Schriftsteller dazu bewegen! Etwas von solchen Wirkungen habe ich persönlich erfahren und will es hier genau und ohne jede Uebertreibung mittheilen. Ich traf auf einem rheinischen Dampfboot mit einer ziemlich großen Zahl von theologischen Seminaristen zusammen, deren Anstalt am selben Tage Ferien gemacht hatte.

Einige intelligentere führten das Wort, die anderen stimmten zu. Ich ließ mir von ihren Studien erzählen; von Exegese und Geschichte sprachen sie mit Beklommenheit; aber das langweiligste von allen Kollegien sei die Dogmatik. Ich bemerkte erstaunt, daß diese Wissenschaft so inhaltreich und wichtig sei. Ach ja, hieß es, aber die Paragraphen im Buch und das Diktiren und das Auswendiglernen, so immer fort, es geht einem so weit, und hierbei machte der Redner die bezeichnende Bewegung mit dem Finger über den Mund. Ich fragte, ob gar keine Beschäftigung mit Kirchenvätern stattfinde, z. B. mit Augustin? Nein, war die Antwort in einem Tone, der die völlige Fremdheit merken ließ. Ich wagte eine kleine Ermahnung, die Konfessionen Augustins zu lesen, die für jeden Christen, und namentlich für Theologen so lehrreich seien. Sie lehnten das ab; man hat so viel anderes zu thun, sagten sie. Es wäre eine schöne Ferienaufgabe, fuhr ich fort, sich in das Buch hineinzulesen. — Ach, wenn man aus den Vorlesungen kommt, will man auch seine Ferien genießen. Beschäftigen Sie sich denn mit deutscher Literatur? — Für sich kann jeder das thun. Wie ist es denn bei Ihnen mit der Philosophie? — Die haben wir; der welcher sie uns vortrug, hatte erst die Günthersche Philosophie; nun hat der Papst sie aber verboten, da trägt er eine andere vor. Das verstehe ich nicht, erwiderte ich; zieht der Mann denn seine Ueberzeugung aus und an, wie einen Strumpf? Es war vor 1870, die jungen Leute waren des Ueberzeugungsopfers noch weniger gewohnt. Sie stutzten etwas, aber sie fanden sich hinein. Nach einer kleinen Pause war die Antwort: Ja, die Philosophie mußte aber doch vorgetragen werden und es war kein anderer da.

Ich hoffe, diese Seminaristen sind alle glücklich das Examen passirt. Ich kenne die Anforderungen, die man jetzt dabei macht, nur aus Schlüssen. Die Zukunftsuniversität aber wird nach Herrn Reichenspergers Plan starkes Gewicht darauf legen; indeß hat man auch in diesem Kreise Mittel für hohe Leistungen, welche uns Evangelischen abgehen. „Eine Anzahl von Studenten, welche vor einem Examen die Vorsicht angewandt hatten, ihre Federn in die Wunderquelle von Lourdes zu tauchen, kamen alle durch, verschiedene mit besonderer Auszeichnung, und zwar gerade wegen der Arbeiten, die sie mit solchen Federn geschrieben hatten." *)

Wenn ich die katholische Kirche haßte, so würde ich ihr die freie Universität wünschen; weil ich aber unser Deutschland liebe, darum hoffe ich, es werde mit ihr verschont bleiben.

---

*) Miracles de N. Dame de Lourdes p. 85.

Druckfehler:

S. 23 Z. 6 v. o. lies lehren statt Lehren.
S. 42 Z. 8 v. u. lies sinnlicher statt sinnlichem.
S. 46 Z. 13 v. o. lies Reisach statt Reissach.
S. 46 Z. 13 v. o lies Geissel statt Geisel.

Inhalts-Verzeichniß.

	Seite
Eingang.	
Der tiefere Grund des Kirchenstreites	5
Leo XIII.	8
Die Bischöfe	14
Das Centrum	16
Die freie Schule	19
Fortdauer des Kirchenstreites	21
Leo's „letztes Wort"	24
Seine Beschuldigungen gegen die Reformation	30
Die Päpste die Stammhalter der Revolution	33
Die römische Kirche seit Pius IX.	35
Der Aberglaube unter Leo's Regierung	41
Das Centrum und die Universitäten	45
Die Zukunftsuniversität	55